LANDESHAUPTSTADT
Wiesbaden
EIN BILDERBUCH

Impressionen der hessischen Landeshauptstadt. Eine moderne Stadt in der Mitte Deutschlands mit heißen Quellen, historischer Architektur und hoher Lebensqualität.

WIFO | DIGITAL

Inhaltsverzeichnis

	Seite
Bahnhof	8 - 9
Reisinger-Anlage	10
Rhein-Main-Hallen	11
Hessisches Landesmuseum	12 - 13
Villa Clementine, Wilhelmstraße	14 - 15
Warmer Damm, Söhnlein-Villa	16 - 17
Hessisches Staatstheater	18 - 19
Kurhaus, Kurpark	20 - 31
Bowling Green	32 - 33
Marktkirche	34 - 35
Casino-Gesellschaft	36
Innenstadt-Impressionen	37 - 43
Feste, Veranstaltungen	44 - 49
Stadtschloss	50
Hessischer Landtag	51
Neues Rathaus	52 - 54
Schlossplatz	55
Luisenplatz, Bonifatiuskirche	56 - 57
Kranzplatz, Kochbrunnen	58
Hessische Staatskanzlei	59
Thermalbad, Aukamm	60
DKD, Apothekergarten	61
Taunusstraße	62
Nerotalanlage	63 - 67
Nerobergbahn	68 - 69
Neroberg	70 - 71
Russische Kirche	72 - 76

	Seite
Monopteros	77
Russischer Friedhof	78 - 79
Bergkirche	80 - 81
Alter Friedhof	82 - 83
Nordfriedhof	84 - 87
Kaiser-Friedrich-Therme	88
Römertor	89
Jagdschloss Platte	90 - 91
Tierpark Fasanerie	92 - 93
Albrecht-Dürer-Anlagen	94 - 95
Ringkirche	96 - 97
Fassaden des Historismus	98 - 103
Lutherkirche	104 - 105
Landeshaus	106
Hess. Staatsarchiv, Landesdenkmal	107
Sektkellerei Henkell	108 - 109
Biebricher Schloss	110 - 111
Biebricher Schlosspark	112 - 115
Biebricher Rheinufer	116 - 119
Rettbergsaue	120 - 121
Schiersteiner Hafen	122 - 125
Schloss Freudenberg	126 - 128
Rheinblick Golf Course	129
Stadtansicht	130
Quellenhinweise, Impressum	131
Informationen	132

Wiesbaden ist eines der ältesten Kurbäder Europas. Schon die Römer schätzten das Thermalwasser zur Heilung ihrer Krankheiten und zur Entspannung. Sie nannten den Ort mit 26 heißen Quellen „Aquae Mattiacorum" (Wasser der Matthiaker) nach einem Volksstamm, der in dieser Gegend des römischen Reiches siedelte. Anfang des 9. Jahrhunderts wird der Name der Stadt erstmals in Überlieferungen „wisabada" genannt. Als mondäne „Weltkurstadt" etablierte sich Wiesbaden im 19. Jahrhundert und erlangte außerdem als Kongressstadt und Verwaltungssitz besondere Bedeutung. Kaiser Wilhelm II. besuchte seine „Kaiserstadt" regelmäßig zur Erholung. Das „Nizza des Nordens" wurde dadurch zum beliebten Wohnort für Adlige, Unternehmer und Künstler, die in repräsentativen Villen lebten. So kam es, dass eine große Anzahl von wunderschönen Gebäuden im Stil des Klassizismus, Historismus und Jugendstil noch heute im Stadtgebiet zu finden ist.

Die günstige Tal-Lage am südlichen Rand des Taunus macht Wiesbaden zu einer der wärmsten Städte Deutschlands. Besonders das viele Grün im Stadtbild ist eine stilvolle Ergänzung zu den attraktiven Fassaden der schönen alten Häuser. In der heutigen Zeit hat sich Wiesbaden einen Namen als Veranstaltungsort von Kongressen, Bällen, Standort von Kliniken mit internationalem Renommee und attraktiven Stadtfesten gemacht. Große Verbände und Behörden, z.B. Bundeskriminalamt und Statistisches Bundesamt, haben hier ihren Sitz. Sehr beliebt ist die Stadt auch bei den in Wiesbaden stationierten US-Armee-Angehörigen.

Engagierte Wirtschaftsförderung beschert der Landeshauptstadt stets einen vorderen Platz im Ranking der deutschen Städte. Die Expansion der European Business School führte im Juni 2010 zur Gründung der „EBS Universität für Wirtschaft und Recht".

Sehenswürdigkeiten sind das Kurhaus mit Casino und Kurpark, das Staatstheater, das Stadtschloss, das Alte Rathaus, die Marktkirche, das Hessische Landesmuseum, das Biebricher Schloss, um nur einige zu nennen. Es gibt sogar einen Weinberg in der Stadt, den „Neroberg", unterhalb eines der weithin sichtbaren Wahrzeichen der Stadt, der russisch-orthodoxen Kirche mit ihren goldenen Zwiebeltürmen. Die zahlreichen Feste Wiesbadens ziehen ebenfalls viele Gäste aus dem In- und Ausland an: An Pfingsten die Pferdebegeisterten zum renommierten „Internationalen Wiesbadener Pfingstturnier". Im Juni das „Theatrium", auch Wilhelmstraßenfest genannt, mit viel Musik und tänzerischen Darbietungen. Im August die „Rheingauer Weinwoche", die längste Weintheke der Welt. Das „Stadtfest" im September als Herbstmarkt und Erntedank und als Abschluss des Jahres der „Sternschnuppenmarkt", Wiesbadens besonders stimmungsvoller Weihnachtsmarkt.

Also blättern Sie mit Freude durch das „Bilderbuch Wiesbaden" und entdecken Sie eine Stadt, die sich sehen lassen kann!

Frühling in der Stadt: Ein Blütenmeer in den **Reisinger-Anlagen** am Hauptbahnhof.

Der **Wiesbadener Hauptbahnhof** wurde 1904-1906 im Stil des Neobarock erbaut. Er ersetzte andere Bahnhöfe der Innenstadt und sollte für die jährliche Anreise von Kaiser Wilhelm II. einen repräsentativen Rahmen bieten. Der Kaiser wurde am „Kaisergleis", welches nur für ihn und andere hoch gestellte Gäste reserviert war, feierlich empfangen.

Das **Lilien-Carré** ist ein modernes Einkaufszentrum in Bahnhofsnähe. Charakteristisch ist die metallgedeckte Kuppel. Der Name erinnert an die Lilien im Wiesbadener Stadtwappen.

Die **Reisinger-Anlagen** und **Herbert-Anlagen** bilden zusammen ein attraktives Entree für Gäste, die über den Bahnhof anreisen. Die Stifter Hugo Reisinger und Adam Herbert waren die Initiatoren, die das einstige Bahngelände in eine Grünanlage umwandelten. Weite Rasenflächen, Brunnen und geometrisch angeordnete Wasserbecken zieren die Verbindung vom Bahnhof zur Innenstadt.

In den Sommermonaten dient die Anlage auch als **Liegewiese** und Ort für Open-Air-Veranstaltungen.

Moderne Licht- und Glaskunst von Mario Haunhorst in der **Fußgängerunterführung** zum Hauptbahnhof.

Europa mit dem Stier, eine Skulptur an der Brunnenanlage.

Die Eröffnung der **Rhein-Main-Hallen** erfolgte 1957. Im Jahr 2007 modernisiert, bieten sie einen optimalen Mix aus multifunktionalem Veranstaltungshaus und kulturellem Umfeld. Als Kommunikations- und Präsentationszentrum, das jährlich über 100 unterschiedliche Veranstaltungen durchführt, sind die Rhein-Main-Hallen ein wichtiger Teil der Vermarktung der Stadt als Kongress- und Tagungsstandort.

Der **Diana-Brunnen** an den Rhein-Main-Hallen.

First-Class-Hotels sorgen für einen angenehmen Aufenthalt der zahlreichen Gäste in der Nähe der Veranstaltungsorte.

Die große Bronzeplastik „Jüngling auf dem Löwen" von Alexej Danov am Dorint Hotel in der Nähe der Rhein-Main-Hallen.

Schon Johann Wolfgang von Goethe, der 1814/15 zur Kur in Wiesbaden weilte, wirkte auf die Gründung eines Museums in Wiesbaden hin. Die Grundsteinlegung des **Hessischen Landesmuseums** erfolgte 1913. Die Naturhistorische Sammlung, die Sammlung Nassauischer Altertümer und die Kunstsammlung sind die drei Sparten des Museums. Besonders die Kunstsammlung hat sich durch Ankäufe, Schenkungen und Leihgaben zu einer der wichtigsten in Deutschland entwickelt, vor allem für den Zeitraum des 19. und 20. Jahrhunderts. Dazu gehört die umfangreiche Sammlung der Werke des Malers Alexej von Jawlensky, der die letzten 20 Jahre seines Lebens in Wiesbaden verbrachte und auf dem russischen Friedhof beerdigt wurde.

Das hohe Niveau der Sammlungen und zahlreiche Sonderausstellungen locken viele Kunstinteressierte in das **Hessische Landesmuseum**. Bei der Renovierung wurde ein „Neubau im Altbau" geschaffen, der mit moderner Medien-, Klima- und Sicherheitstechnik ein attraktives Umfeld für die Sammlungen und Aktivitäten bietet.

Die **Wilhelmstraße**, von den Wiesbadenern liebevoll „Rue" genannt, verbindet das Kurhaus und die Rhein-Main-Hallen: Auf der einen Seite Geschäfte, die Designerwaren und Luxusartikel anbieten, auf der anderen Seite der „Warme Damm", ein Landschaftspark zum Erholen. Die Wilhelmstraße ist mit ihrer Exklusivität besonders bei den Besuchern der Kongresse und Tagungen beliebt. Auch Touristen z.B. aus den arabischen Emiraten und aus Russland haben inzwischen Wiesbaden als Top-Adresse namhafter Kliniken und luxuriöses Einkaufsparadies entdeckt. Die Wilhelmstraße ist stets ein attraktiver Treffpunkt.

Ein besonderes Schmuckstück der Wilhelmstraße ist die **Villa Clementine**. Im römisch-pompejianischen Stil 1878-82 erbaut, ist sie ein prunkvolles Beispiel des Historismus in Wiesbaden. Bauherr war ein Mainzer Fabrikant, dessen Ehefrau der Villa den Namen gab. Heutzutage wird die Villa mit kleinem Café für verschiedene Veranstaltungen genutzt und dient als Literaturhaus

Die moderne Skulptur **Leben** von France Rotar am Rand des "Warmen Damms" gefällt auch Kindern.

Der Bildhauer Rafaelo Celai hat das **Denkmal von Kaiser Wilhelm I.** nach Plänen des Dresdner Künstlers Johannes Schilling 1894 geschaffen.

Schon früh im Jahr zeigen sich am **Warmen Damm** die ersten Blüten. Der Name des Parks geht auf einen mittelalterlichen Befestigungsdamm zurück, der den „Warmen Weiher", einen Zusammenfluss der heißen Quellen, begrenzte. Mitte des 19. Jahrhunderts wurde dieser Weiher zugeschüttet und ein englischer Landschaftspark angelegt.

Das **Erbprinzenpalais** der nassauischen Herzöge wurde vom Stadtbaumeister Christian Zais 1813 bis 1820 im klassizistischen Stil erbaut und beherbergt heute die **Industrie- und Handelskammer**.

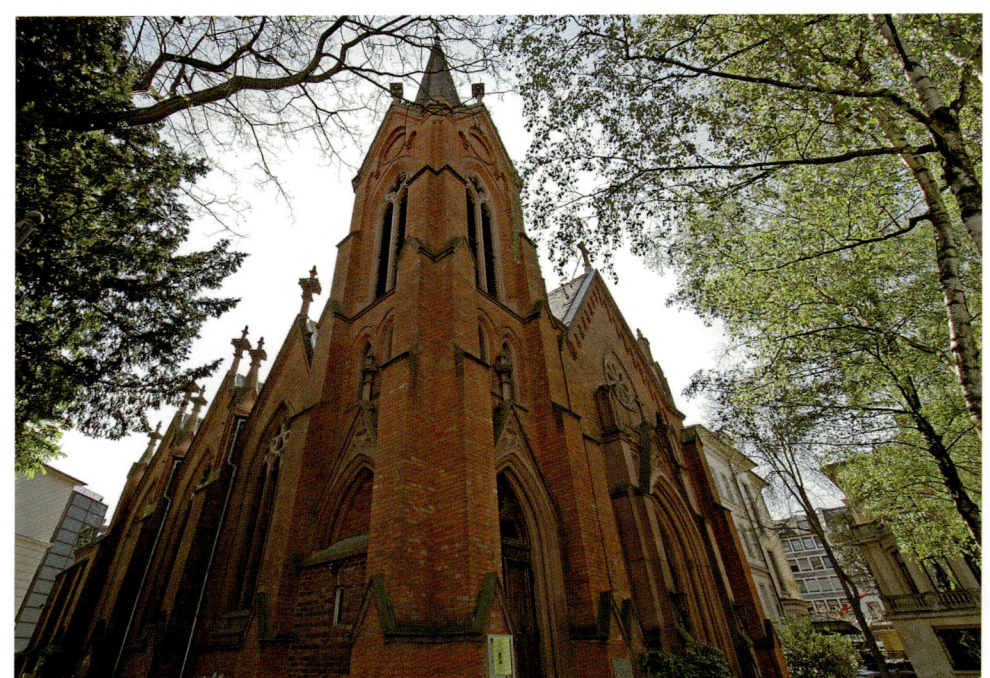

In der **Church of St. Augustine of Canterbury** wird der Gottesdienst nach anglikanischem Ritus abgehalten. 1863 wurde der schlichte Backsteinbau im neugotischen Stil erbaut. Im II. Weltkrieg erstmals zerstört, aufgebaut und nochmals durch einen Brand 1966 zerstört, ist im Original nur noch das Kreuz, der Taufstein und ein Ölgemälde erhalten.

Ein Abenteuerspielplatz mit nachempfundenen historischen Säulen ergänzt das Angebot am Warmen Damm.

Ein Beispiel aus dem Historismus ist die **Söhnlein-Villa** in der Paulinenstraße, auch das „Weiße Haus" genannt, weil sie nach dem Vorbild des „Weißen Hauses" in Washington gebaut wurde.

Anlässlich des 100. Todestages von Friedrich Schiller wurde das vom Bildhauer Joseph Uphues (1851–1911) geschaffene **Schiller-Denkmal** 1905 errichtet. Es steht auf der Rückseite des Hessischen Staatstheaters und ist Teil der Parkanlage „Warmer Damm".

Kaiser Wilhelm II. förderte den Bau des **Hessischen Staatstheaters.** Sein „Neues königliches Hoftheater", im Stil des Neobarock errichtet, wurde von ihm 1894 eröffnet. Im Zuschauerraum sind vor allem die prächtigen Deckengemälde mit Halbplastiken und Stuckaturen sehenswert, die nach dem Krieg restauriert werden mussten. Ein Originalteil der ursprünglichen Ausstattung ist der riesige Kronleuchter in der Deckenmitte. Das prunkvolle Foyer, das ebenfalls wiederhergestellt werden musste, scheint diese Pracht noch übertreffen zu wollen. Die Rückseite des Theaters, die eigentliche Schauseite, ziert ein Säulenportikus mit allegorischen Skulpturengruppen.

In der **Theaterkolonnade** befindet sich der Eingang des Theaters. Spiegelbildlich gegenüber liegen die Kurhauskolonnaden. Sie sind die längste Säulenhalle Europas (129 m). Hier befinden sich das „Kleine Spiel" der Spielbank und Veranstaltungsräume des Kurhauses, das an der Kopfseite steht.

Die **Internationalen Maifestspiele** fanden in Anlehnung an die Wagner-Festspiele in Bayreuth erstmals 1896 als „Kaiserfestspiele" statt und erhielten durch die jährlichen Kur-Besuche des Kaisers den entsprechenden Glanz. Nach dem II. Weltkrieg traten repräsentative Aspekte mehr in den Hintergrund und künstlerische sowie völkerverbindende Ideen mehr in den Vordergrund.

Zu den nun „Internationalen Maifestspielen" mit neuem künstlerischen Konzept werden seitdem namhafte Bühnen aus dem In- und Ausland zu Gastspielen eingeladen und finden im **Hessischen Staatstheater** einen glanzvollen Rahmen. Das hohe Niveau, das über die Jahre trotz enger werdenden Budgets gehalten wird, sorgt für große Zustimmung des Publikums.

Der Architekt Friedrich von Thiersch wurde 1902 mit dem Bau des neuen **Wiesbadener Kurhauses** beauftragt, das an die Stelle des ersten Kurhauses von 1810 trat. Den Haupteingang bildet ein Säulenportikus mit ionischen Säulen, über dem sich im Giebel die Inschrift Aquis Mattiacis (lat. „den Wassern der Mattiaker geweiht") befindet. So wurden einst die heißen Quellen in Wiesbaden von den Römern genannt. Die prunkvolle Innenausstattung des Kurhauses fiel größtenteils dem II. Weltkrieg zum Opfer und wurde erst 1987 nach den alten Plänen, unter Berücksichtigung von heutigen Ansprüchen an Kommunikationstechnik, restauriert. Somit ist das Kurhaus heute nicht nur ein Schmuckstück wilhelminischer Architektur, sondern auch ein universell nutzbarer Veranstaltungsort. Die Räume in verschiedenen Größen sind einzigartig. Der Friedrich-von-Thiersch-Saal beispielsweise besitzt eine Orgel, die verdeckt hinter einem Bronzegitter auf der Bühne steht und für Konzerte genutzt wird. Das Kurhaus gilt als einer der schönsten und beliebtesten Festbauten Deutschlands.

Das **Foyer** wird überragt von einer 21 m hohen Kuppel. An den Seiten befinden sich überlebensgroße Kopien griechischer Götterstatuen, darüber runde Mosaikmedaillons mit farbigen Darstellungen aus der römischen Götterwelt. Die kunstvollen Glasfenster verleihen dem Raum eine große Tiefe.

Die Spielbank (Großes Spiel) befindet sich im ehemaligen Weinsaal des Kurhauses und besitzt eine Vertäfelung aus Kirschbaumholz und Kronleuchter aus Kristallglas. Der Saal im neoklassizistischen Stil hat eine festliche Atmosphäre, in der schon viele berühmte Menschen an den Roulette-Tischen ihr Glück suchten. Einer davon war der Schriftsteller Fjodor Dostojewski. Er spielte 1865 im „Alten Kurhaus" und verlor seine ganze Reisekasse, was ihn zu seinem Roman „Der Spieler" inspirierte. Die Anfänge der Spielbank gehen bis in das Jahr 1771 zurück, als der Fürst von Nassau-Usingen die Konzession für Kartenspiele erteilte. 1810 wurde erstmals Roulette im „Alten Kurhaus" gespielt.

Der **Muschelsaal** im Kurhaus besitzt naturalistisch-jugendstilartige Fresken mit Kieseln und Muscheln als Symbol für Wasser und Erde.

Der Erbauer des Kurhauses wurde inspiriert durch die Antike und hat die Anlagen römischer Thermenhallen nachempfunden. Der gesamte Bau zeigt viele unterschiedliche Stilelemente und spiegelt damit **wilhelminische Architektur** und Lebensauffassung wider.

Das Herz des Kurhauses, der **Friedrich von Thiersch Saal** mit der Orgel hinter den Bronzegittern. Dieser Saal, benannt nach seinem Erbauer, wurde von Kaiser Wilhelm II. bei seinem ersten Besuch als „überwältigend" empfunden.

Der Salon **Ferdinand Hey'l** hat eine prächtig gestaltete Decke aus Holz und Leder, bemalt mit Blattgold. Ferdinand Hey'l war Wiesbadens erster Kurdirektor.

Die **Kurhauskolonnaden** in nächtlicher Beleuchtung sind ein stilvoller Ort für repräsentative Veranstaltungen.

Der **Wintergarten** mit seinen Mosaik-Wandbildern im Jugendstil ist das Fenster zum Park und zum Platz vor der Konzertmuschel.

Die Rhododendronblüte ist eine besonders schöne Zeit im **Kurpark**, der 1852 im Stil eines englischen Landschaftsgartens angelegt wurde. Er liegt in einem engen Tal direkt hinter dem Kurhaus. An den seitlichen Hängen dehnen sich große Villengebiete aus, die noch überwiegend aus der Gründerzeit stammen.

Im Frühling ist der Kurpark ein besonders idyllischer Ort für Spaziergänge.

Mosaike und Fresken mit antiken Themen finden sich überall im Kurhaus. Auch die Lampensockel vor dem Kurhaus zeigen solche Motive.

Die Weihnachtspyramide im Foyer ist immer ein besonders schöner Anblick.

Am Ostrand des Kurparks befindet sich aus weißem Marmor ein Standbild des Schriftstellers und Journalisten **Gustav Freytag.** Er starb 1895 in seiner Villa in der Gustav-Freytag-Straße, die ihm zu Ehren umbenannt wurde.

Für die jährlich stattfindende **Internationale Oldtimer-Rallye** holen Auto-Liebhaber ihre Schmuckstücke, die sie oft selbst über viele Jahre gepflegt haben, aus den Garagen und stellen sich dem Wettbewerb. Bei Orientierungsfahrten und beim „Concours d'élégance", wo es um die Schönheit der Autos geht, vergibt eine prominente Jury die Pokale.

Viele besonders alte Bäume prägen das Bild des **Wiesbadener Kurparks**. Malerische Ausblicke sind ein Teil der Gartenkunst englischer Landschaftsparks, die im Sinne eines „begehbaren Landschaftsgemäldes" geschaffen wurden.

Eine niveauvolle Atmosphäre und hervorragende Qualität ist Markenzeichen der **Kurhaus-Gastronomie**.

Jazzfrühschoppen im Kurpark: Eine gute Möglichkeit, den Alltag hinter sich zu lassen.

Standbild von **Ferdinand Hey'l.** Er war von 1873-1897 erster Kurdirektor und erwarb sich mit seinen Veröffentlichungen und Aktivitäten für Wiesbaden viel Anerkennung.

Die neue großzügige **Tiefgarage** mit direktem Zugang zum Kurhaus.

Idyllische Impressionen aus dem **Kurpark**, den die Wiesbadener lieben und vielseitig nutzen. Säulenreste des alten Kurhauses und eine **Dostojewski-Büste** sind am „**Nizzaplätzchen**" zu finden.

Die **Wilhelmstraße** festlich geschmückt, die Kaskaden-Brunnen am Bowling Green, im Hintergrund Wiesbadens berühmtestes Grandhotel und der **Kaiser-Friedrich-Platz** mit dem Standbild von Kaiser Friedrich III.

Ein Westernreiter vor dem Kurhaus ist schon ein etwas ungewöhnlicher Anblick. Er gehörte zum Kutschenkorso, der jedes Jahr das **Internationale Wiesbadener Pfingstturnier** „einläutet", welches im Biebricher Schlosspark stattfindet.

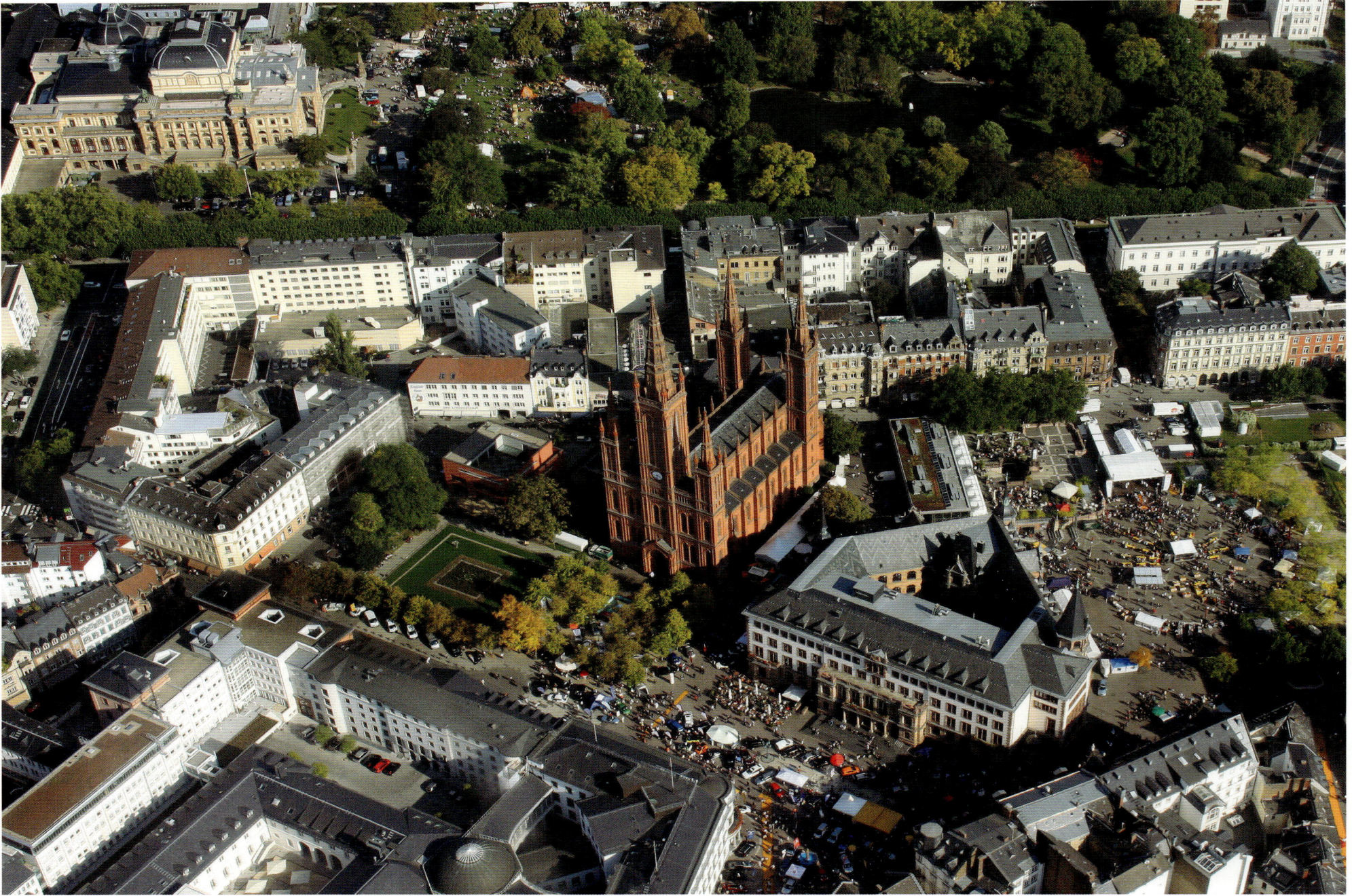

Die im neugotischen Stil mit klassizistischer Ornamentik 1862 als „Nassauer Landesdom" erbaute **Marktkirche** ist die evangelische Hauptkirche Wiesbadens. Die dreischiffige Basilika ohne Querhaus besteht aus Bruchsteinmauerwerk, das mit Backstein verkleidet wurde. Die Marktkirche besitzt ein Carillon, ein Turmglockenspiel, das zu festgesetzten Zeiten erklingt. Es besteht aus 49 Bronzeglocken, von denen die größte 2,2 t und die kleinste 13 kg wiegt. Die imposanten Chorfiguren aus weißem Marmor sind Christus und die vier Evangelisten (Entwurf Emil Hopfgarten).

Vor der Marktkirche das Standbild **Der Schweiger**, ein Denkmal für Wilhelm I. von Oranien-Nassau (1533-1584).

Das Gebäude der **Wiesbadener-Casino-Gesellschaft** ist dem Historismus zuzuordnen und steht unter Denkmalschutz. 1874 fertiggestellt, ist es heute eines der schönsten Repräsentationsgebäude der Stadt. Der in pompejianischem Rot gehaltene Treppenaufgang harmoniert mit dem Foyer und dem Herzog-Friedrich-August-Saal. Dieser bietet einen festlichen Rahmen für gesellige Veranstaltungen zur Förderung von Kunst und Kultur. Casinogesellschaften wurden nach der bürgerlichen Revolution in Frankreich gegründet und stellten einen Zusammenschluss der männlichen Mitglieder der bürgerlichen Oberschicht dar. Das italienische Wort casinó bedeutet „Spielstätte", jedoch waren es im 19. Jahrhundert auch Zentren der Kommunikation. 1816 gegründet, ist die Wiesbadener-Casino-Gesellschaft eine Vereinigung von Bürgern, die niveauvolle Geselligkeit pflegt.

Die **Wilhelms-Heilanstalt**, heute nur Wilhelmsbau genannt, wurde 1868 bis 1871 als Militärhospital errichtet. Markant ist die überlebensgroße Büste Kaiser Wilhelms I. in der rot verputzten Fassade.

Die Grabenstraße mit dem **Bäckerbrunnen**. Kleine Geschäfte bereichern mit ihrem Sortiment den Stadtbummel.

Die **Marktsäule** markiert den historischen Eingang in die Gewölbe des Marktkellers, die für verschiedene Events und Ausstellungen genutzt werden.

Viele **Brunnen und Wasserspiele** im Stadtbild belegen, dass das Thema „Wasser" für Wiesbaden immer große Bedeutung hatte.

Nach einem Stadtbummel findet sich leicht ein gemütliches Café oder schickes Restaurant.

Impressionen aus der Innenstadt zeigen die vielfältigen Architekturstile, die nebeneinander ihren Platz als Zeugen ihrer Zeit behaupten.

Shopping in Wiesbaden ist für Menschen aus dem ganzen Rhein-Main-Gebiet attraktiv. Ob auf der „Rue" oder in der Innenstadt, es findet sich für jeden Geldbeutel etwas. Am Bäckerbrunnen oder rund um das „Schiffchen", wie die Wiesbadener Altstadt wegen ihrer Form genannt wird, ist das gastronomische Angebot vielfältig. Auf dem Wochenmarkt, der mittwochs und samstags stattfindet, werden frische Produkte aus der Region angeboten.

Ein Bummel in der Dämmerung hat seinen besonderen Reiz. Kreative Lichttechnik betont die **Architektur** der Jahrhundertwende und die modernen Fassaden gleichermaßen.

Das Wiesbadener Stadtbähnchen **Thermine** entführt Sie auf eine informative Reise in die schönsten Winkel der Stadt.

Flanieren und genießen in der **Grabenstraße.** Die große **Kuckucksuhr** an den Quellen ist immer wieder ein Anziehungspunkt für Touristen.

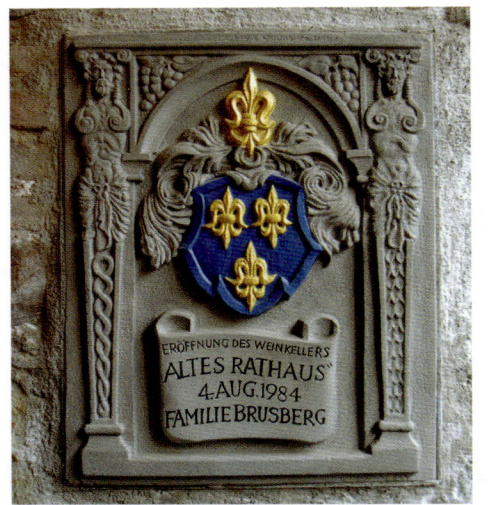

Diese Abbildung vom **Wiesbadener Stadtwappen** findet man am Eingang zum Weinkeller im Alten Rathaus.

Die **Marktkirche** bietet zu jeder Tageszeit einen imposanten Anblick. Sie ist das Zentrum vieler Veranstaltungen der Stadt.

Straßenmusiker in der **Marktstraße** und internationales Flair in der **Goldgasse**.

In den letzten Jahren hat sich in der Wiesbadener **Innenstadt** viel verändert. Die Fußgängerzone bekam einen neuen Belag und neue Brunnen.

Das **Luisenforum**, ein modernes Einkaufszentrum mit einer farbigen Glasfassade, bietet viele Geschäfte in freundlicher Atmosphäre.

Unvergessen ist das **Wiesbadener Original** Waldemar Reichard, genannt Knoblauch, verstorben 1988. Die Innenstadt war das Refugium des Lebenskünstlers, den jedes Kind kannte. Eine Bronzefigur (nach einem Entwurf von Jaqueline Weigand) wurde in der Kleinen Schwalbacher Straße aufgestellt.

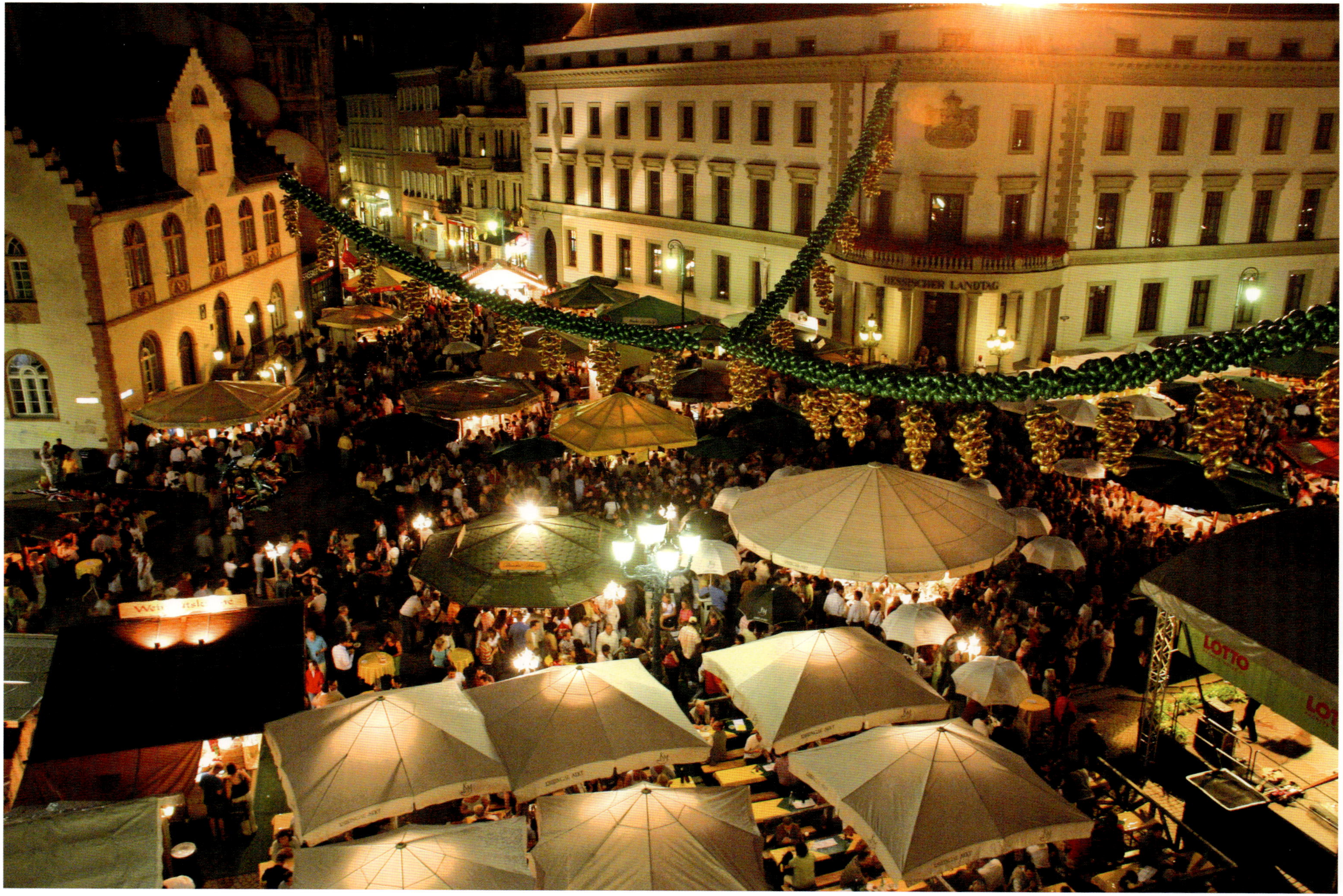
HESSISCHER LANDTAG
LOTTO

An rund 100 Ständen präsentieren Winzer aus dem Rheingau und Wiesbaden während der **Rheingauer Weinwoche** ihre Erzeugnisse auf dem Schlossplatz, dem Dern'schen Gelände und auf dem Platz vor der Marktkirche. Hier kann man Musik, Wein, Sekt, gutes Essen und nette Gesellschaft genießen. Das Weinfest ist inzwischen weit über die Grenzen bekannt und zieht immer mehr Touristen an. Für die Winzer ist das eine ausgezeichnete Möglichkeit, ihre Erzeugnisse den Besuchern vorzustellen. Auch Weine aus Wiesbadener Partnerstädten werden angeboten.

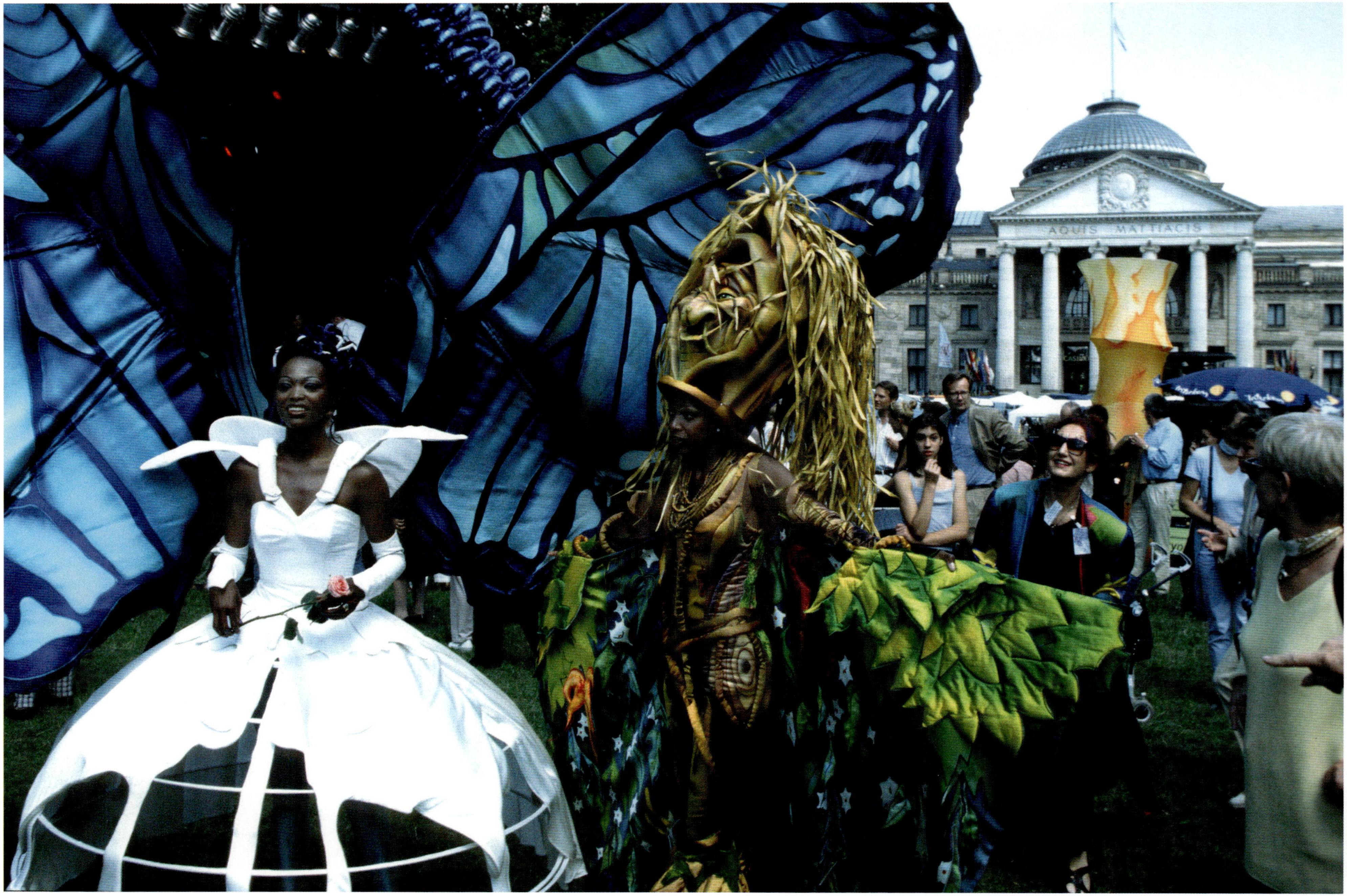
AQUIS MATTIACIS

Das **Theatrium (Wilhelmstraßenfest)** ist **das** Fest auf der „Rue" mit internationalen Musik- und Tanzdarbietungen, Kreativität und Exklusivität. Rund um das Theater und Kurhaus sorgen Komödianten, Gaukler, Straßenmusiker und Bühnenshows für faszinierende Erlebnisse. Ein Kunsthandwerkermarkt rund um das Bowling Green bietet Kreatives an. Eine bunte Mischung für jedermann. Das Fest lockt alljährlich tausende Besucher aus Deutschland und mittlerweile auch aus anderen europäischen Ländern an.

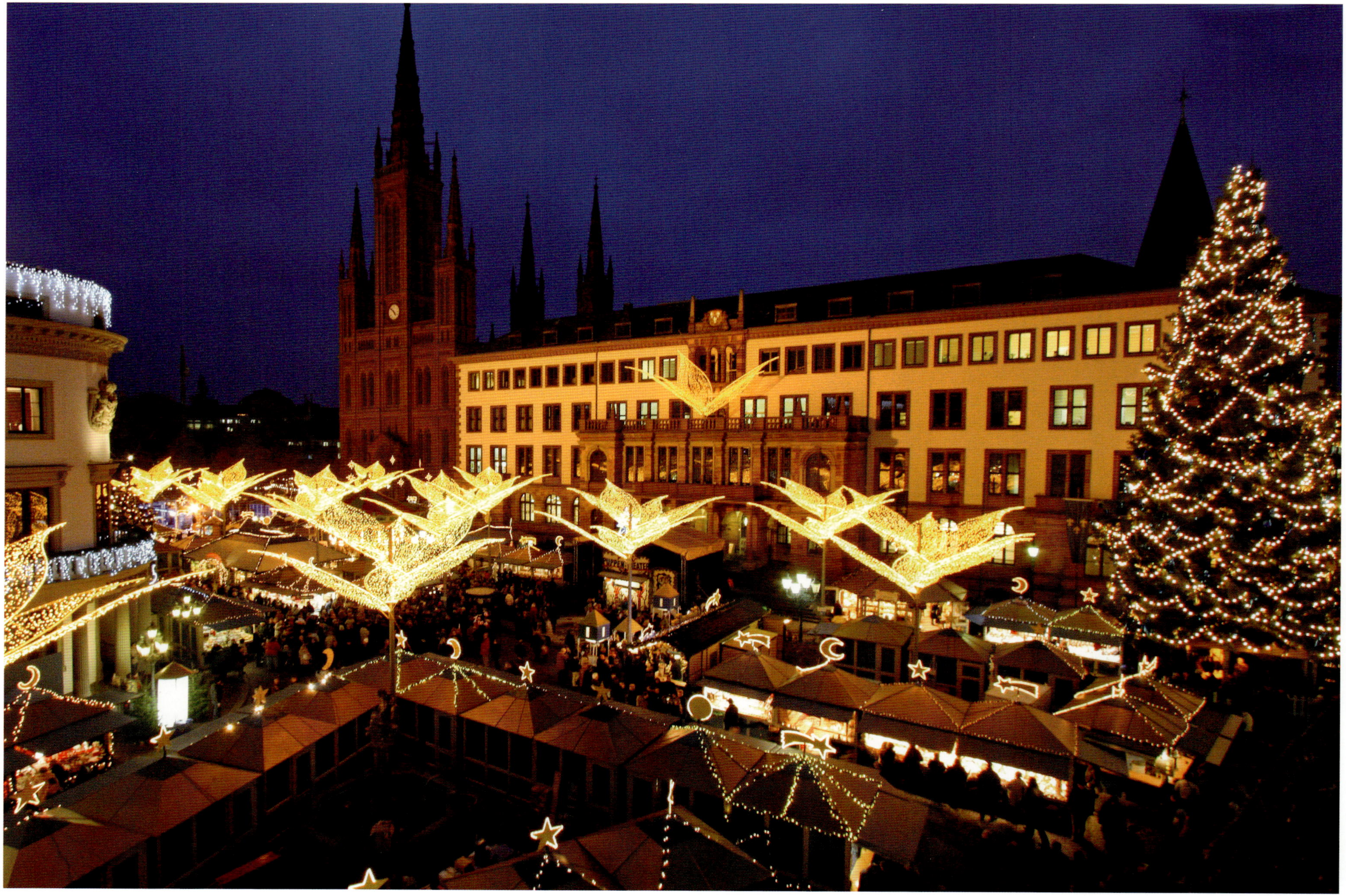

Bei den **Fun-Sport-Tagen** auf dem Schlossplatz messen sich die Besten der Beach-Sportarten.

Die Wiesbadener verstehen zu feiern. In der **Fastnachtszeit** bevölkern die Narren Säle und Straßen und übernehmen im Rathaus symbolisch die Macht.

Das **Stadtfest** ist aus dem früheren Erntedankfest hervorgegangen. Zahlreiche Veranstaltungen in der Innenstadt und am Bowling Green haben ein weiteres attraktives Fest daraus gemacht.

Der **Sternschnuppenmarkt** in Wiesbaden ist einzigartig. Weithin leuchten die Lilien und geben diesem Weihnachtsmarkt eine besonders stimmungsvolle Atmosphäre. Ein romantischer Bummel in den Abendstunden ist ein unvergessliches Erlebnis.

Das **Stadtschloss** ist Sitz des Hessischen Landtags. Erbaut 1837-41 im klassizistischen Stil, wirkt es eher schlicht, was nicht für die Innenräume gilt. Es war Sitz der Nassauischen Herzöge, wovon im linken Flügel noch die ehemals herzogliche Wohnung, mit repräsentativem Treppenhaus und dem roten Salon erhalten ist. Wertvolles Parkett, bemalte Decken, kostbare Tapeten und zahlreiche Figuren befinden sich in den Räumen. Der wertvolle Kristallüster im Kuppelbau wiegt 980 kg und besteht aus 24.000 Elementen von geschliffenem Bleikristall. Das blaue Zimmer dient als Repräsentationsraum für Gäste des Landtagspräsidenten. Kaiser Wilhelm II. nutzte das Stadtschloss als Residenz bei seinen jährlichen Kuraufenthalten und ärgerte sich über den Lärm des Markttreibens vor dem Schloss. Er sorgte dafür, dass der Markt hinter das Neue Rathaus verlegt wurde.

Der 2008 fertiggestellte Plenarsaal im **Hessischen Landtag** bietet nach dem aufwändigen Umbau großzügige Architektur und ist mit moderner Medientechnik ausgestattet.

Das **Neue Wiesbadener Rathaus** am **Schlossplatz** wurde 1884–1887 von Georg von Hauberisser im Stil der Neorenaissance erbaut. Der Schlossplatz als zentraler Punkt des mittelalterlichen Wiesbadens ist der historisch bedeutsamste Platz der Stadt. Das Neue Rathaus wurde im Krieg stark beschädigt und in vereinfachter Form restauriert.

Die **Amtskette** des Oberbürgermeisters.

Das **Goldene Buch** der Stadt Wiesbaden (es wiegt 35 kg) wurde 1901 gestiftet und trägt Verschlüsse und Beschläge aus Silber. Die erste Eintragung machte Kaiser Wilhelm II. im Jahr 1902. Es folgten weitere gekrönte Häupter und berühmte Persönlichkeiten aus Politik, Wissenschaft, Wirtschaft, Kultur und Sport. 2005 trug sich Seine Heiligkeit der XIV. Dalai Lama ins Goldene Buch ein.

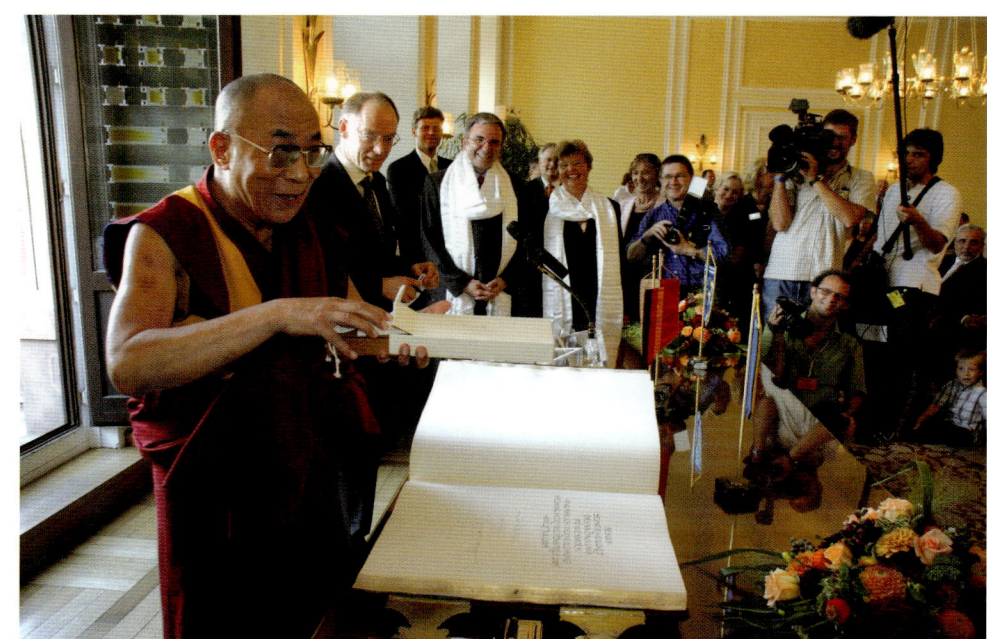

Das **Goldene Buch** der Stadt Wiesbaden

Die Josephslegende (1980) ist eine Arbeit des Wiesbadener Künstlers Wolf Spemann im Neuen Rathaus.

Blick auf das Mosaik auf dem **Schlossplatz** vor dem Rathaus. Zu sehen ist das Wappen des Kaiserreichs, flankiert von dem Wappen Wiesbadens und dem der Provinz Hessen-Nassau.

Das stilvolle Treppenhaus und kunstvolle Glasfenster im **Neuen Rathaus** von Ludwig Schaffrath.

Bei Gästen und Bürgern der Landeshauptstadt ist das Marktfrühstück am Samstagmorgen auf dem Dern'schen Gelände beim **Rathaus** sehr beliebt.

Regelmäßig beleben Kunstausstellungen die schöne **Eingangshalle** im Rathaus.

Ein Besuch des **Ratskellers** gehört natürlich auch dazu.

Links vom **Marktbrunnen** steht das **Alte Rathaus** von 1610. Es ist das älteste Gebäude im Zentrum der Stadt und wird heute als Standesamt genutzt. Im Kellergewölbe befindet sich ein uriges Weinlokal.

Der Brunnen von 1753 trägt einen goldenen nassauischen **Löwen**, der ein Schild in den Pranken hält. Das Schild mit Krone zeigt das Wappen von Wiesbaden mit den drei goldenen Lilien auf blauem Grund und in der Mitte das Wappen des Hauses Nassau.

Nach der standesamtlichen Trauung nutzen Hochzeitsgesellschaften bei schönem Wetter den **Marktbrunnen** als Treffpunkt zum Sektempfang.

Klassizistische Bauten umrahmen den **Luisenplatz**. Darunter sind die **Alte Münze** und das **Pädagogium**. Beide Gebäude beherbergen das Hessische Kultusministerium. Zentral steht der **Waterloo-Obelisk**. Der Platz trägt, ebenso wie die Luisenstraße, den Namen der ersten Gemahlin des Herzogs Wilhelm von Nassau, Luise von Sachsen-Hildburghausen. An der Nordseite steht die katholische **Bonifatiuskirche**.

Der zentral gelegene **Luisenplatz** ist einer der Knotenpunkte Wiesbadens, an dem die meisten Buslinien halten.

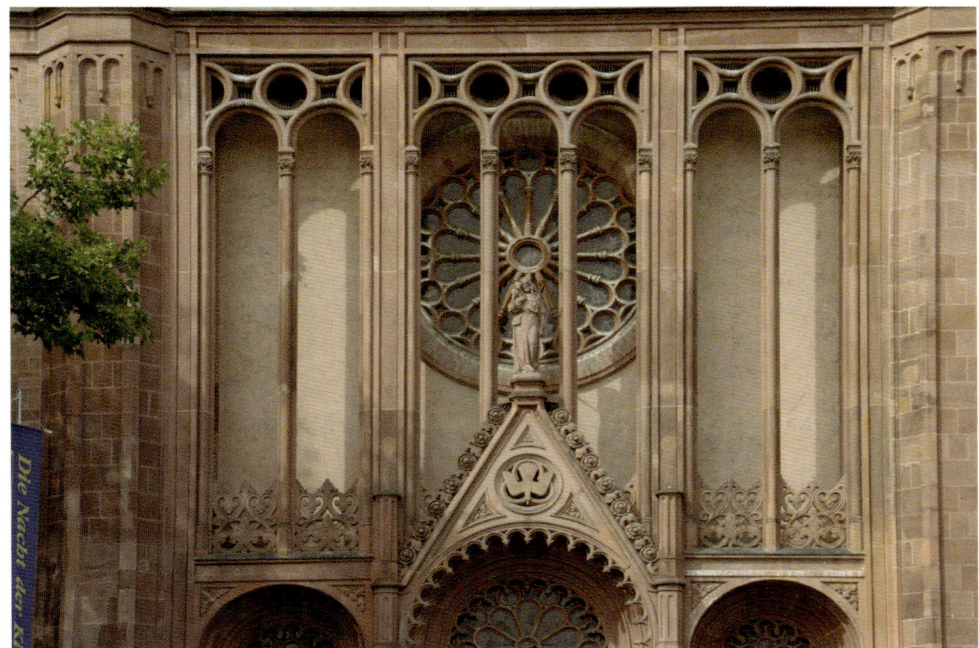

Die 1831 errichtete erste **Bonifatiuskirche** stürzte bald nach der Fertigstellung ein, weil man den sumpfigen Untergrund unterschätzt hatte. 1866 wurde der zweite Bau aus rotem Sandstein fertig gestellt. Die Kirche ist bis heute mit ihren 68 m hohen Türmen das älteste und größte katholische Gotteshaus der Stadt.

Das Denkmal mit springendem Pferd aus dem Jahr 1934 erinnert an das **1. Nassauische Feldartillerie-Regiment Nr. 27 Oranien**.

Im Hintergrund ist der **Waterloo-Obelisk** zu sehen, der an die Gefallenen der Befreiungskriege 1815 gegen Napoleon erinnert.

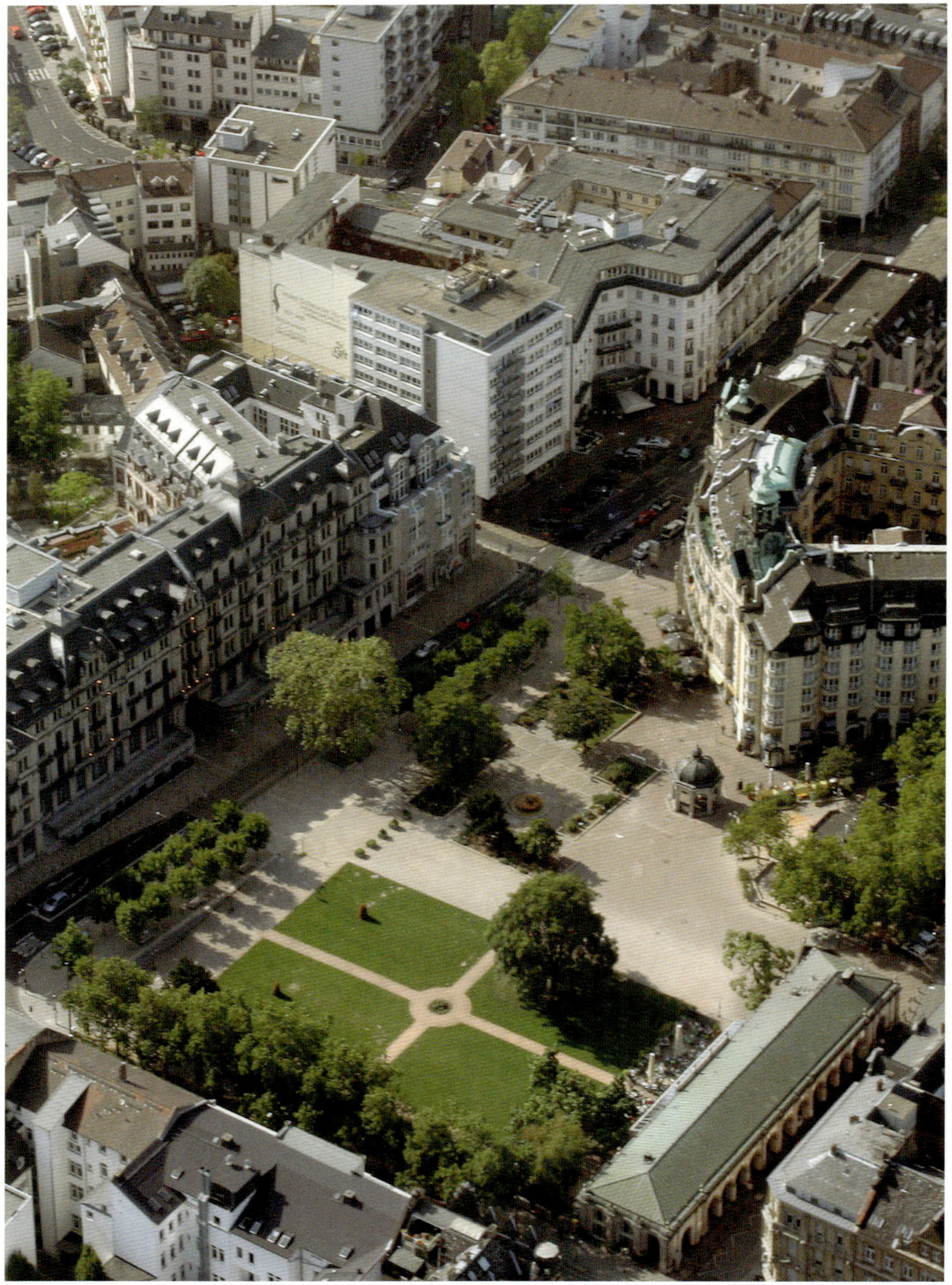

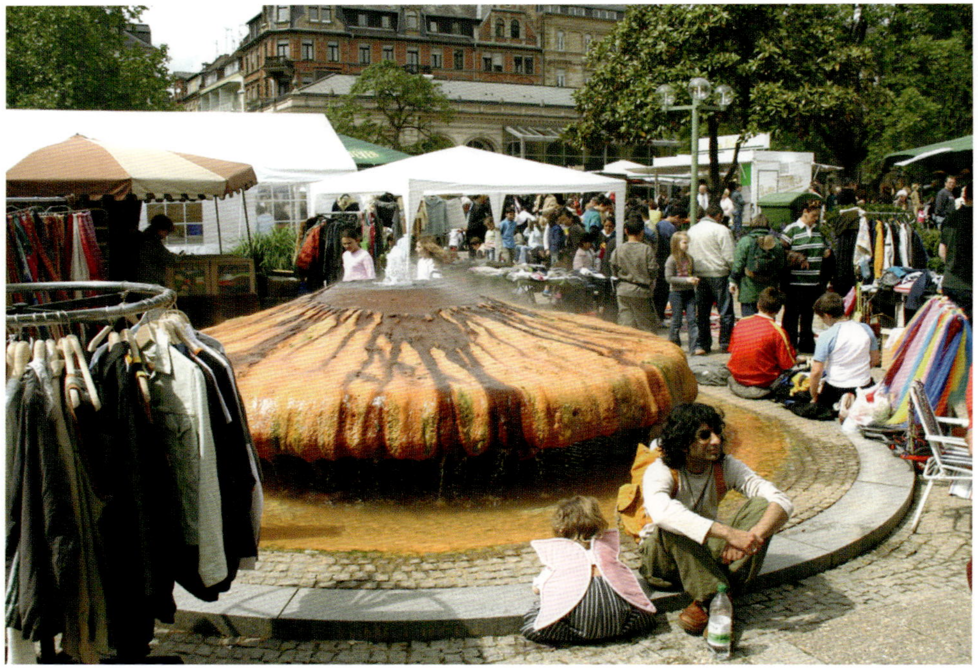

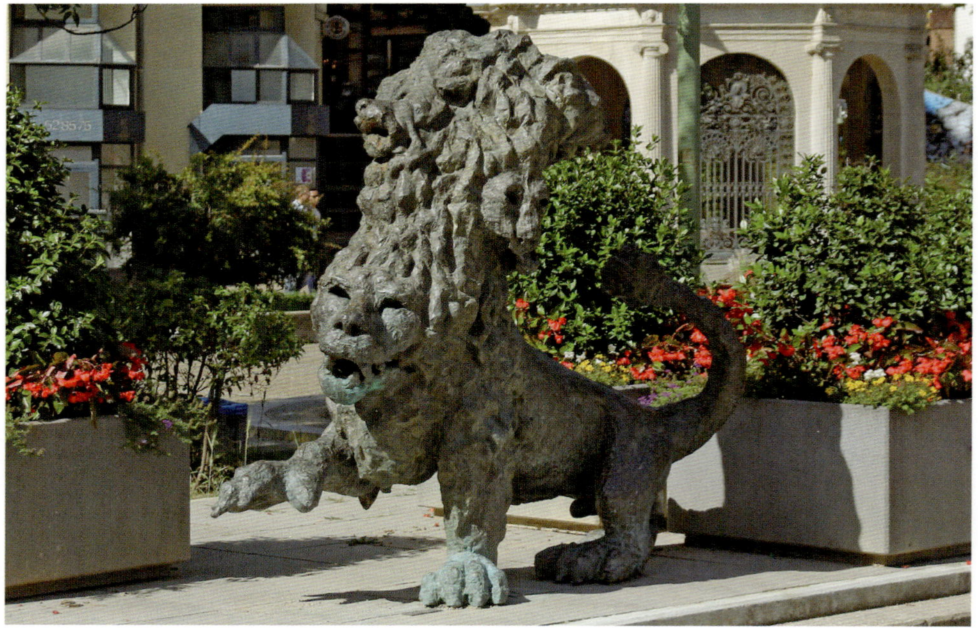

Der **Kochbrunnen am Kranzplatz** ist die bekannteste Quelle der Stadt. Wiesbaden ist für seine Thermalquellen berühmt, die schon von den Römern genutzt wurden. Der Kochbrunnen, eine Natrium-Chlorid-Thermalquelle, war im 19. Jahrhundert das Zentrum der Trinkkur. Der Kochbrunnen führt 15 Quellen zusammen und wurde bereits 1366 als „Brühborn" erwähnt.

Das erste Stadtfest im Jahr ist das **Kranzplatzfest** im Mai, das in einem kleineren Rahmen stattfindet, aber gerade dadurch seinen besonderen Reiz hat.

Der **Hessen-Löwe** ist eine bronzene Skulptur, die 2008 aufgestellt wurde. Als Staatsallegorie zeigt sie einen kraftvoll schreitenden Löwen. Schöpfer dieses Kunstwerkes ist der Künstler Thomas Virnich.

Die **Hessische Staatskanzlei** befindet sich im Gebäude des ehemaligen Hotels „Rose", im Vordergrund eine Kunstinstallation mit 3.000 roten und weißen hessischen Löwen von Ottmar Hörl.

Die ehemalige Trinkhalle des **Kochbrunnens** ist heute ein Café. Das Wasser sprudelt jetzt im Kochbrunnentempel aus dem Trinkbrunnen und aus dem „Springer" mit dem farbigen Sinter.

Das **Thermalbad Aukammtal** bietet im einladenden Ambiente ein vielfältiges Angebot an Sauna, Massagen, Kosmetik und Präventionskursen. Es ist ein Gesundheitsbad für höchste Ansprüche. Im Außenbecken bei 32 Grad Wassertemperatur zu schwimmen ist besonders im Winter ein Erlebnis und Entspannung pur. Im Stadtgebiet gibt es außerdem noch einige Hotels, die über Thermalbäder verfügen.

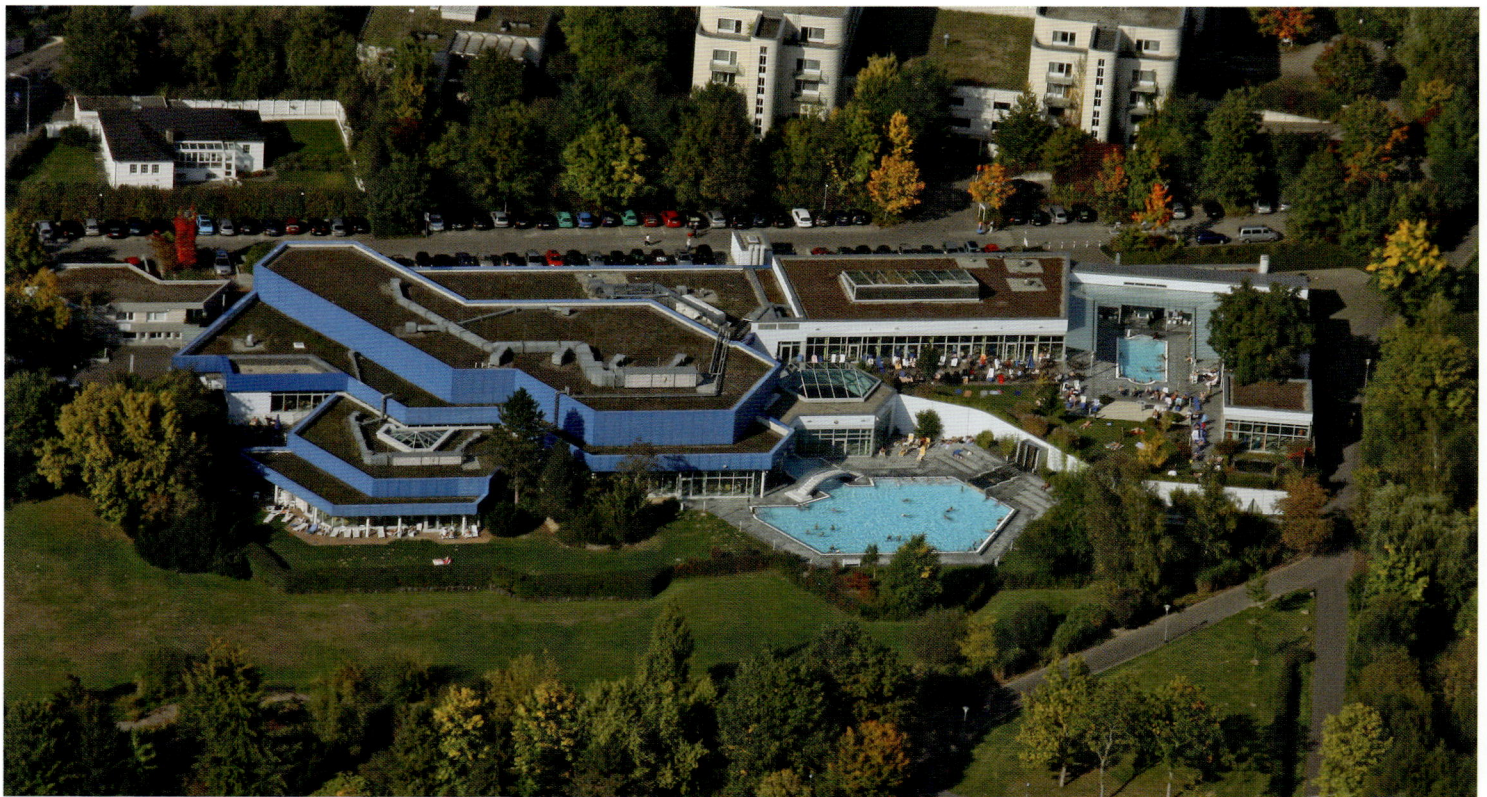

Wiesbaden, als „Kurstadt", hat sich längst zu einem bedeutenden Standort für die Behandlung rheumatischer und orthopädischer Erkrankungen gewandelt. Eine Vielzahl von Fach- und Rehabilitationskliniken, darunter auch die international renommierte **Deutsche Klinik für Diagnostik** (DKD), wird von Patienten aus dem In- und Ausland geschätzt.

Der im Aukammtal gelegene **Apothekergarten** ist ein Heilpflanzengarten mit ca. 240 Pflanzen, deren gesundheitsfördernde und heilende Wirkungsweise erklärt wird. In diesem interessanten Garten kann man sich an der Pflanzenvielfalt erfreuen, Erholung finden und sich Wissen über die Arzneipflanzen aneignen.

Mit ihrer Mischung aus Antiquitäten, Delikatessen, Designerkunst und dem vielfältigen gastronomischen Angebot ist die **Taunusstraße** einzigartig. Die Verbindung zwischen dem „Historischen Fünfeck" und dem Nerotal feiert im September das beliebte Taunusstraßenfest.

Die **Nerotal-Anlage** wurde Ende des 19. Jahrhunderts angelegt und als „Botanischer Garten" bezeichnet, weil sie damals Pflanzen aus aller Welt beherbergte. Am Anfang steht ein Kriegerdenkmal von 1909 und im Park ein Bismarck-Denkmal von 1898.

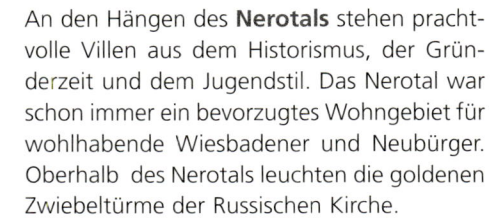

An den Hängen des **Nerotals** stehen prachtvolle Villen aus dem Historismus, der Gründerzeit und dem Jugendstil. Das Nerotal war schon immer ein bevorzugtes Wohngebiet für wohlhabende Wiesbadener und Neubürger. Oberhalb des Nerotals leuchten die goldenen Zwiebeltürme der Russischen Kirche.

64

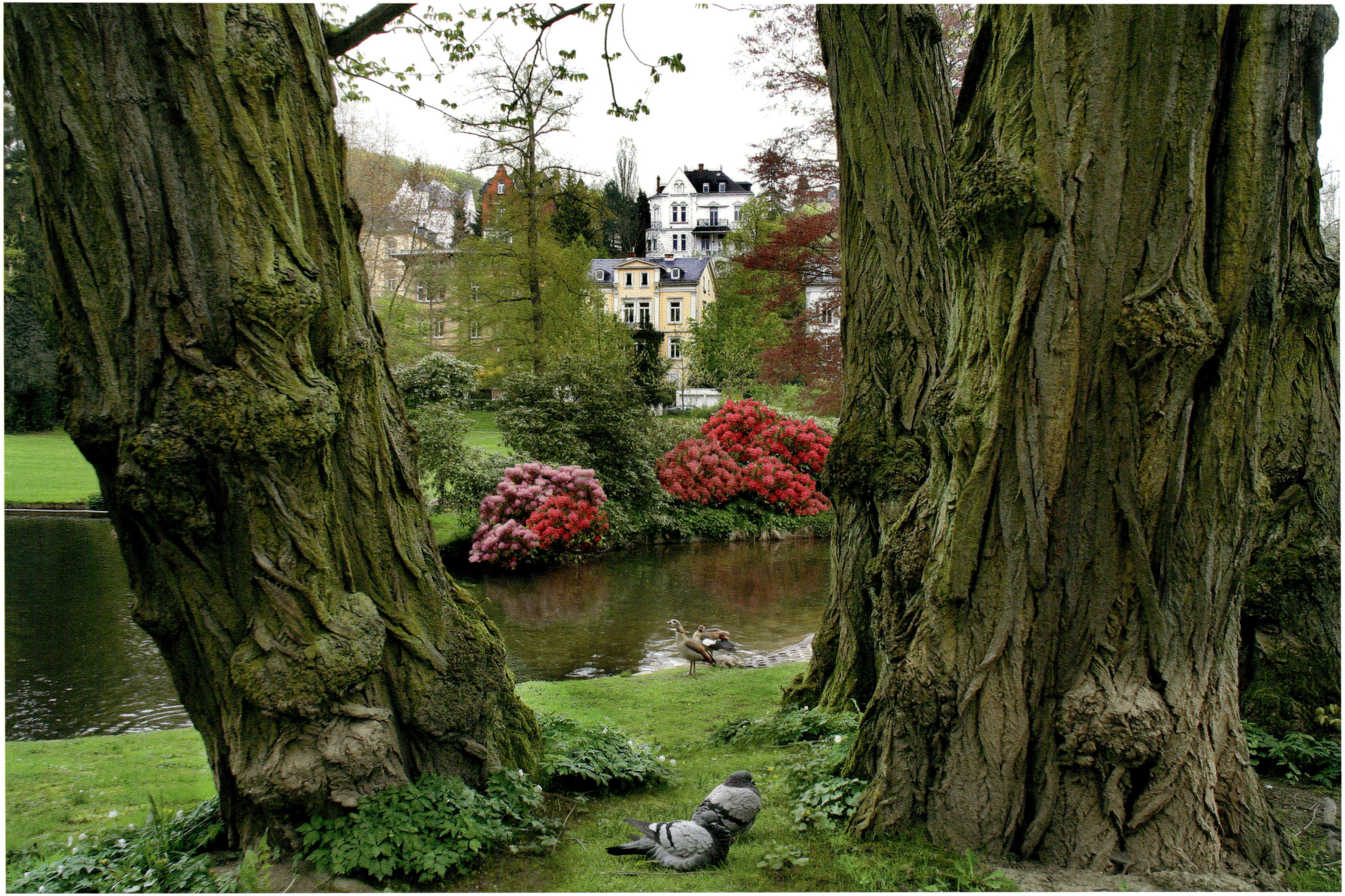

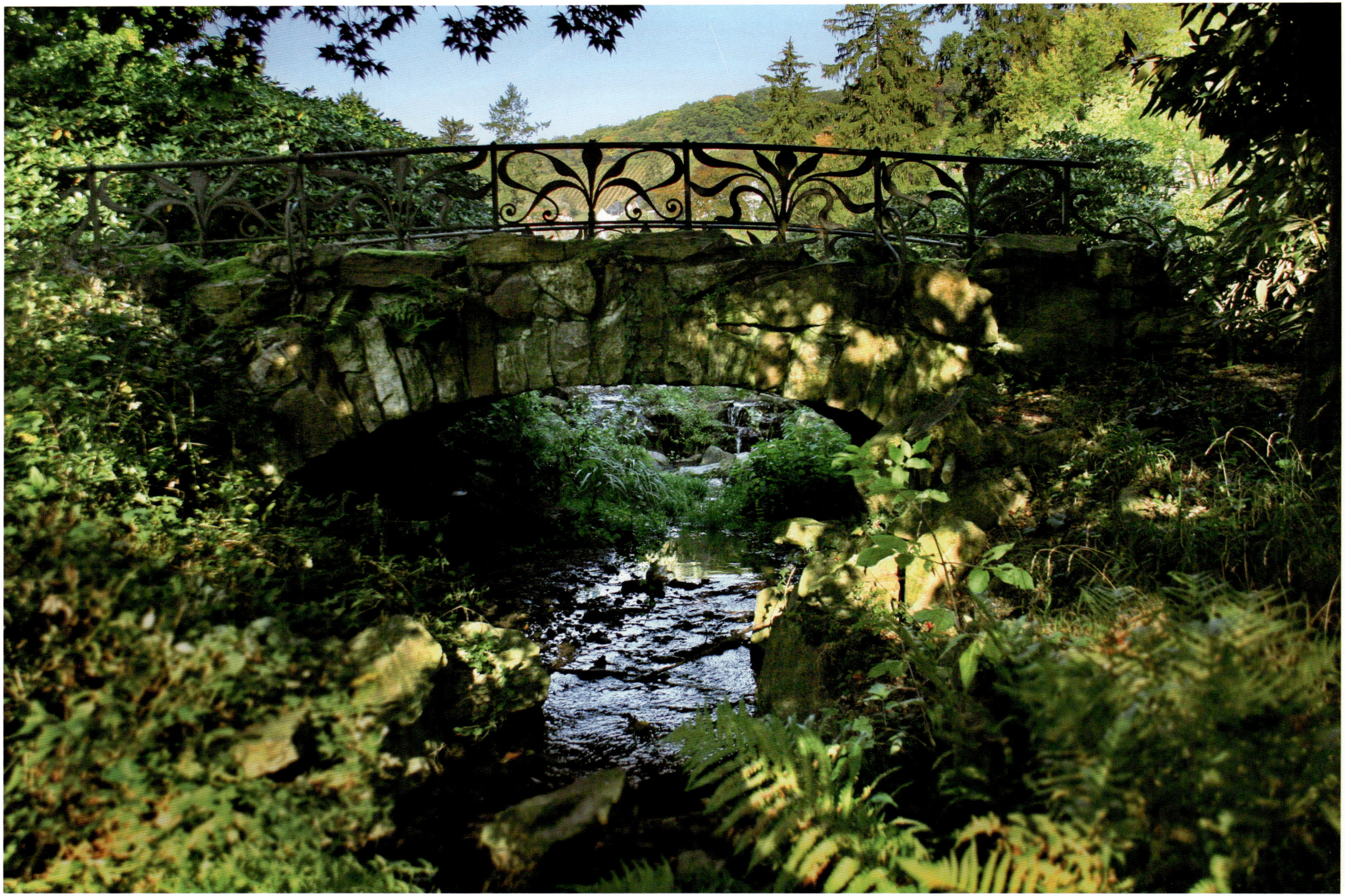

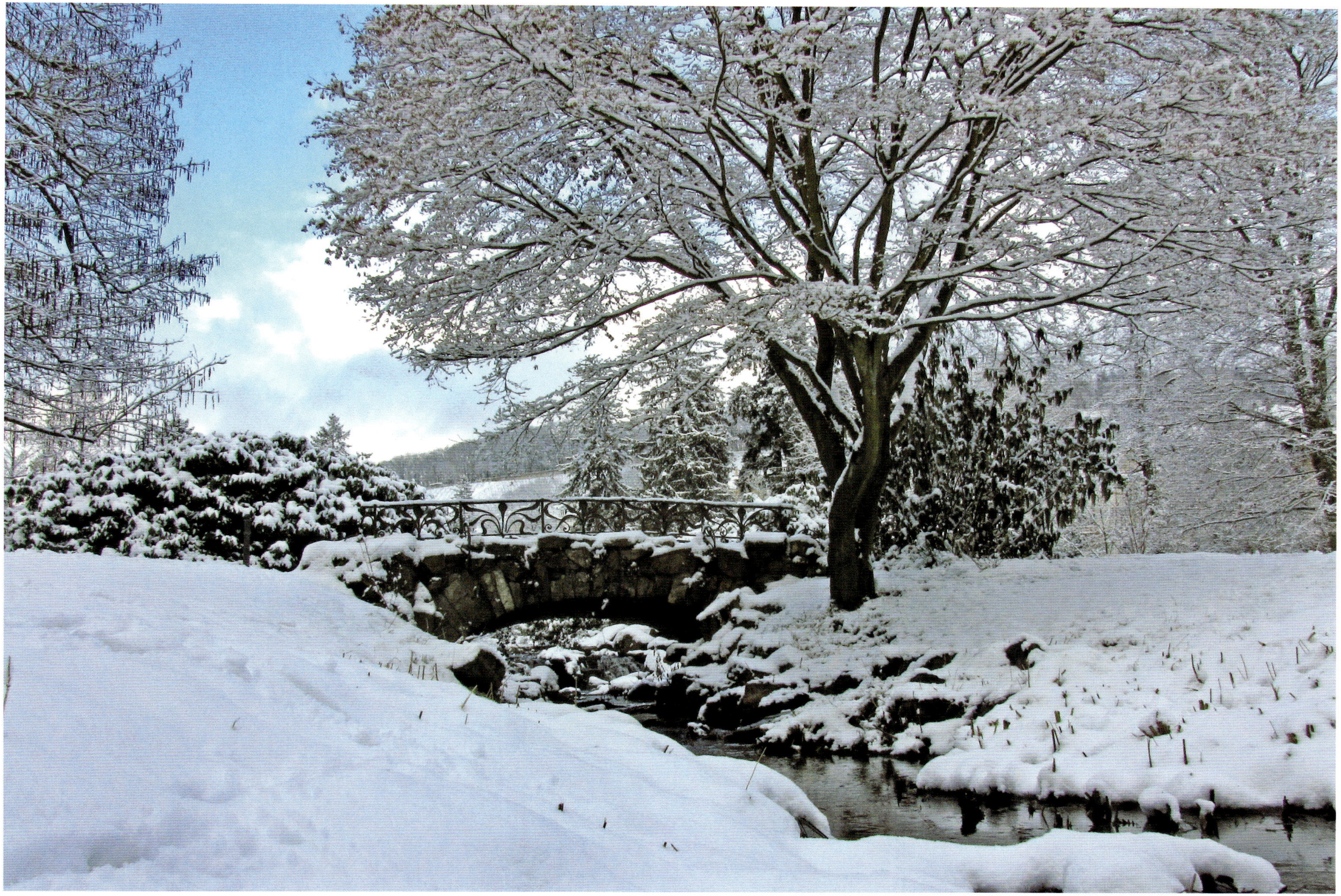

Die **Nerobergbahn** ist eine Zahnstangen-Standseilbahn, die auf den Wiesbadener Hausberg, den Neroberg, hinaufführt. Diese Bahn, gebaut 1888, wird ausschließlich durch die Schwerkraft mit Wasserballast betrieben. Die Fahrstrecke ist 438 Meter lang und hat 19% Steigung. Ein Drahtseil verbindet beide Bahnen, die in der Mitte der Strecke eine Ausweiche haben. Die talwärts fahrende Bahn zieht mit Wasserballast die Bahn nach oben. Das Wasser wird an der Talstation entleert und wieder auf den Berg gepumpt. Die Fahrt führt über ein Viadukt am Neroberger Weinberg vorbei und dauert ca. 3 Minuten. Als letzte Bergbahn dieses Typs ist sie ein Kulturdenkmal. Ein kleines Museum ist an der Talstation zu finden. Man kann sogar im „Hochzeitswagen" der Nerobergbahn die Ehe schließen.

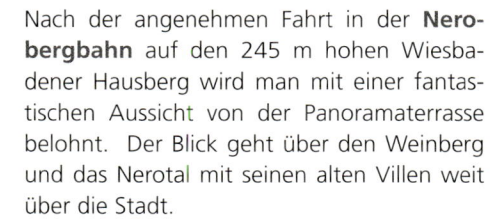

Nach der angenehmen Fahrt in der **Nerobergbahn** auf den 245 m hohen Wiesbadener Hausberg wird man mit einer fantastischen Aussicht von der Panoramaterrasse belohnt. Der Blick geht über den Weinberg und das Nerotal mit seinen alten Villen weit über die Stadt.

Wo kann man bis in den Abend in der Sonne liegen und dabei einen atemberaubenden Blick auf die Stadt genießen? Das **Opelbad** auf dem Neroberg, umrahmt von Weinbergen und Wald, ist hierfür ein perfekter Ort. Das Bad im Bauhausstil ist eine Stiftung des Geheimrats Dr. Wilhelm von Opel und steht unter Denkmalschutz.

Vom Monopteros auf dem Neroberg hat man einen einmaligen Blick auf die Stadt.

Im Weinberg unterhalb des Opelbades wächst der bekannte „Neroberger" Wein. Hier wird seit 1525 Riesling angebaut, der fruchtig und würzig schmeckt. Der Neroberg gehört zum Weinanbaugebiet Rheingau.

Der **Turm auf dem Neroberg** ist der nach einem Brand verbliebene Rest eines Hotels aus dem 19. Jahrhundert. Er beherbergt nun ein Restaurant.

Nervenkitzel auf dem Wiesbadener Hausberg: Ein **Hochseilgarten** mit ca. 50 Kletterelementen wurde in den alten Baumbestand integriert. Es gibt außerdem einen Walderlebnispfad mit informativen Stationen rund um das Thema „Wald" und Laufstrecken fürs Wandern, Joggen und Walken.

Die **russisch-orthodoxe Kirche** wurde früher „Griechische Kapelle" genannt, weil man im 19. Jahrhundert alle orthodoxen Gotteshäuser als „Griechische Kirchen" bezeichnete.

1844 heiratete Herzog Adolf von Nassau die 19-jährige russische Prinzessin Jelisaweta Michailowna, Großfürstin von Russland (1826-1845). Sie war eine Nichte des russischen Zaren, die bei der Geburt des ersten Kindes zusammen mit dem Kind verstarb. Herzog Adolf errichtete aus der Mitgift eine Grabeskirche, die **Kirche der Hl. Elisabeth**, wie die russische Kirche eigentlich heißt, nach der Schutzheiligen seiner Frau. Der nassauische Baumeister Philipp Hoffmann orientierte sich bei seinen Plänen an der „Christ-Erlöser-Kathedrale" in Moskau. Nach siebenjähriger Bauzeit wurde die Kirche 1855 feierlich eingeweiht und der Sarg mit der Großfürstin und der Tochter unter großer Anteilnahme der Bevölkerung überführt. Die Kirche wurde fortan von der russisch-orthodoxen Gemeinde genutzt, vor allem von adligen russischen Kurgästen, die sich gern in Wiesbaden aufhielten.

Wenn man die Kirche durch den Westeingang betritt, wird man sofort von der besonderen Atmosphäre des Innenraums gefangen. Wertvolle Ikonen, ein wunderschönes Marmor-Grabmal und viele Kerzen: Dem **Zauber** dieses Innenraums kann man sich nicht entziehen.

Die vergoldeten Zwiebeltürme leuchten auch am Tag vom Neroberg weit über die Stadt. Die **Kirche der Heiligen Elisabeth** ist sicher der kostbarste Sakralbau Wiesbadens.

Marmor aus Carrara, braunroter deutscher Marmor, grauer Marmor aus Schweden, elfenbeinfarbener aus Rhodos und schwarz-weiß geäderter aus Ägypten wurden beim Bau verwendet.

Der **Sarkophag** mit der liegenden Figur der Großfürstin Elisabeth, Herzogin von Nassau, wurde aus Carraramarmor von Emil Hopfgarten geschaffen. An der Basis stehen die zwölf Apostel.

Die orthodoxen Kreuze auf den feuervergoldeten Kuppeln der Kirche sind weithin zu sehen. Alle Kuppeln stehen auf kleineren Türmen in Zylinderform. Der höhere und breitere Hauptturm ist am obersten Teil unter der Kuppel ringsherum vollständig mit Glasfenstern umkleidet, so dass Licht direkt in den Innenraum fallen kann. Die anderen kleineren Türme haben schmale Fenster. In der Kuppelwölbung sind Engelsgestalten und in der Mitte das **Auge Gottes** zu sehen.

Nach Betreten der Kirche durch den Westeingang blickt man auf die sogenannte „Königspforte" in der Ikonenwand, die den Altarraum abschließt. Sie ist aus Holz geschnitzt und vergoldet und wird nur für kurze Zeit während des Gottesdienstes geöffnet.

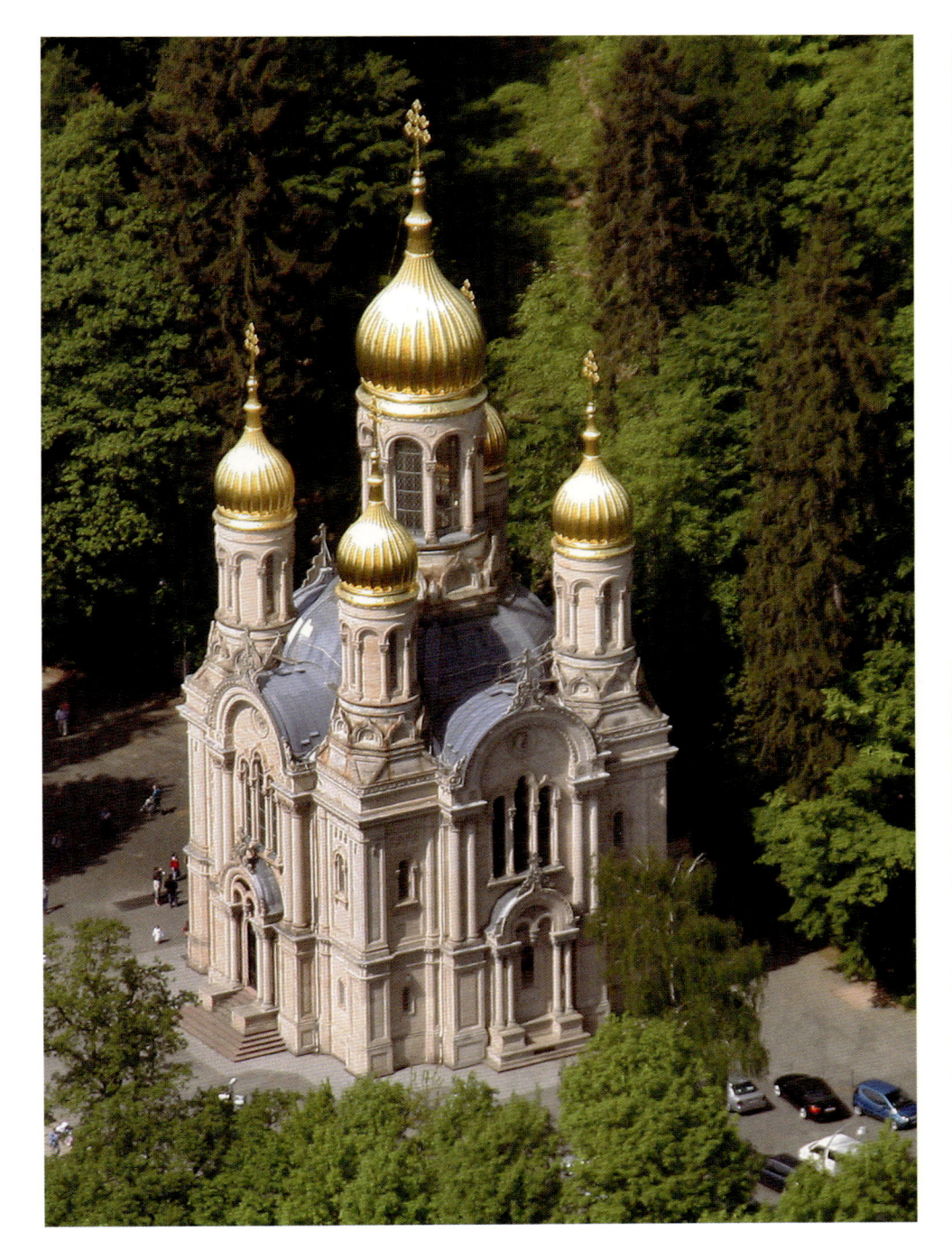

Über dem Westeingang, dem heutigen Haupteingang, befindet sich das Sandstein-Medaillon der **Heiligen Helena.** Über dem Südeingang ist das Sandstein-Medaillon der **Heiligen Elisabeth** zu sehen, der die Kirche geweiht ist. Ausgeführt wurde die Arbeit von Emil Hopfgarten.

Das architektonisch der Kirche angepasste **Pfarrhaus** der russisch-orthodoxen Gemeinde liegt zwischen Kirche und Friedhof.

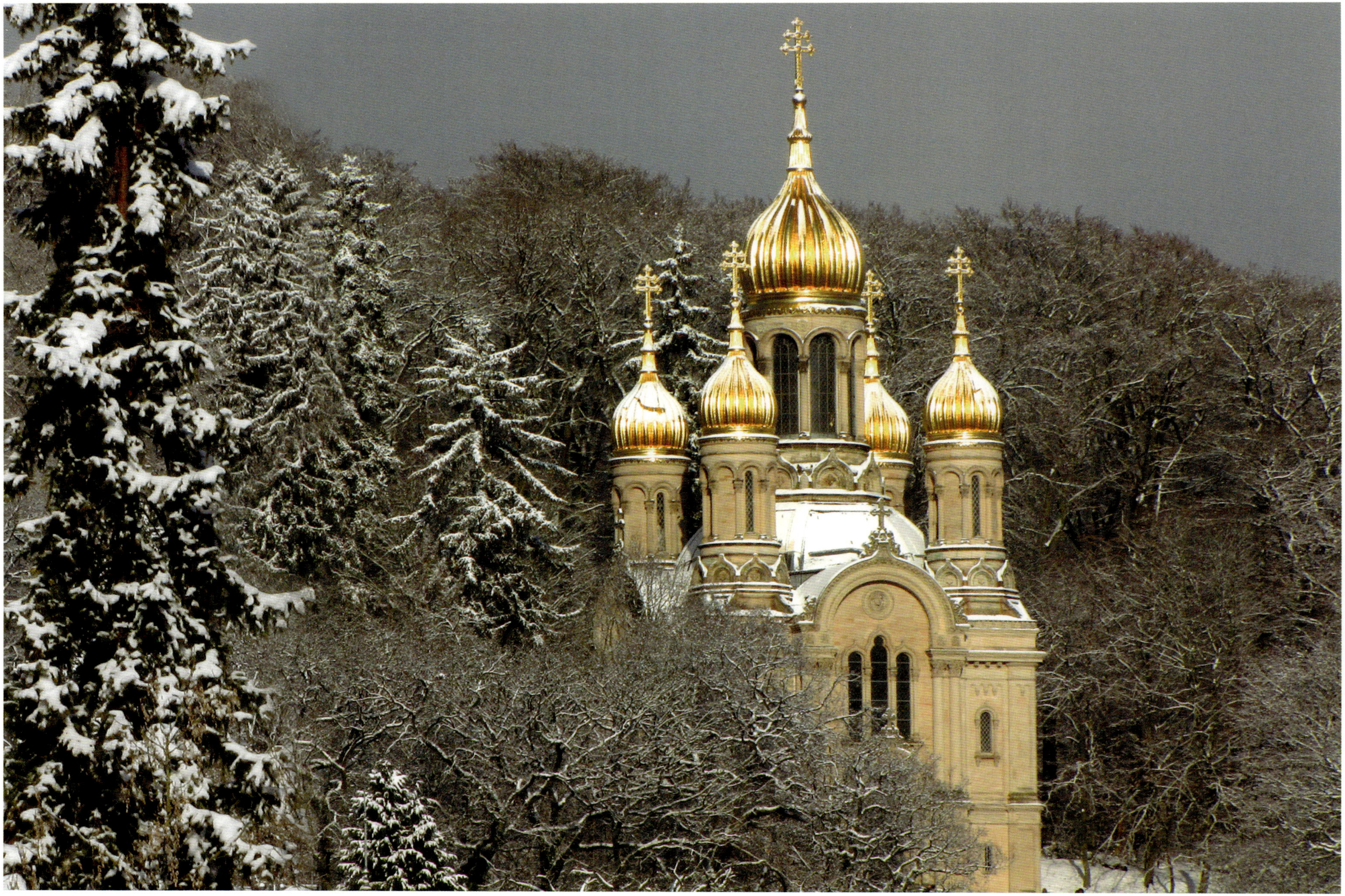

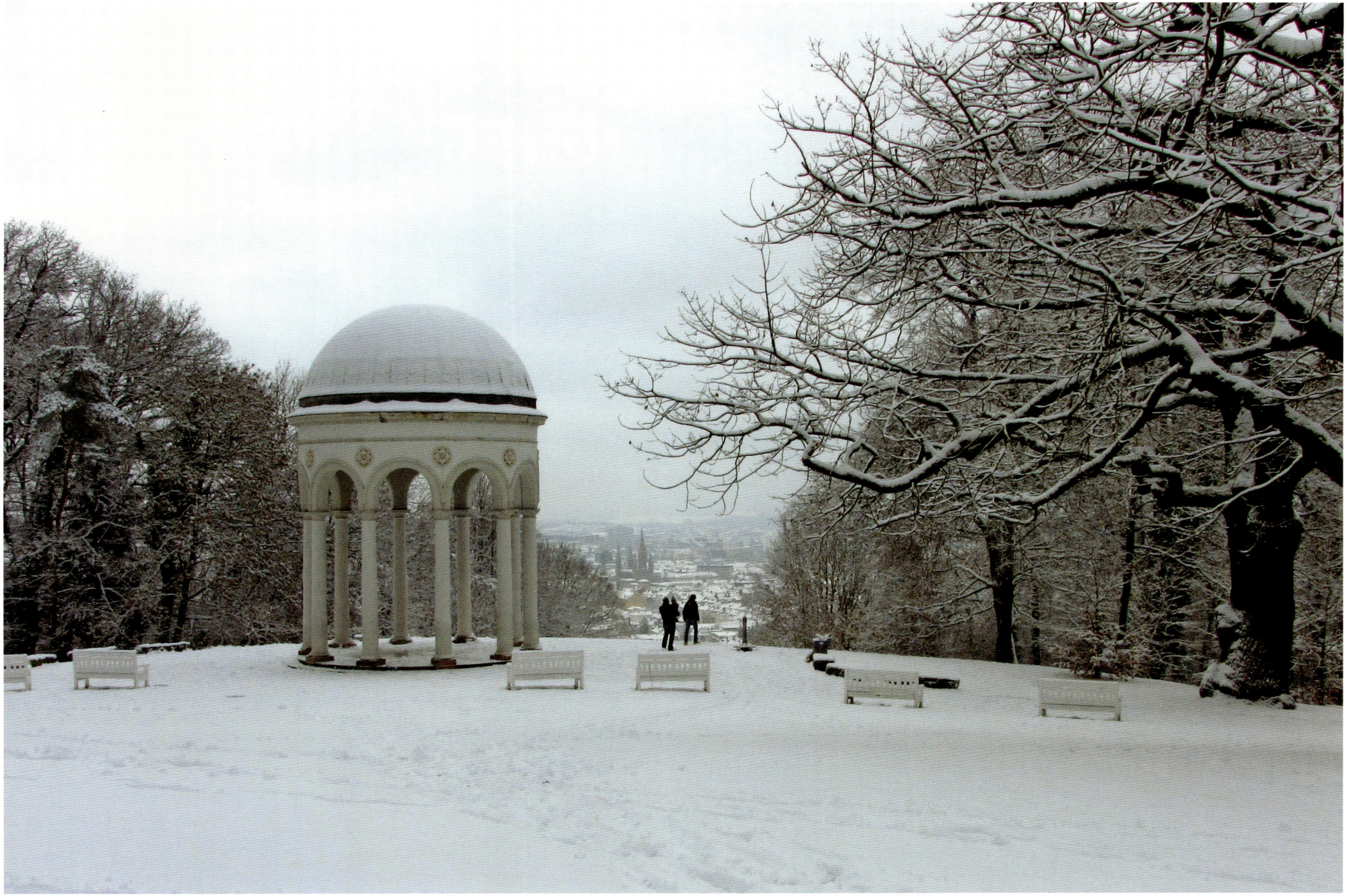

Die Mutter der verstorbenen Herzogin Elisabeth gab den Anstoß zum Bau des **russischen Friedhofs**, der neben der Kirche liegt. Planer der Anlage war Philipp Hoffmann. Der ursprüngliche Grundriss des terrassenförmig angelegten Friedhofs bildete ein abgerundetes Kreuz. Die kleine Friedhofskapelle mit der Sternenkuppel zeigt auf einer Holztafel das Datum der Einweihung am 31. August 1856. Der Wiesbadener russische Friedhof blieb lange Zeit der einzige zivile russisch-orthodoxe Friedhof in Deutschland und erfuhr in der Zwischenzeit einige Erweiterungen.

Der **russische Friedhof** ist die Ruhestätte vieler Personen aus Kultur und Politik, so findet man hier auch die Grabstätte des Malers **Alexej von Jawlensky** und seiner Frau Helene Nesnakomoff. Er hat viele Jahre in Wiesbaden gelebt und gearbeitet.

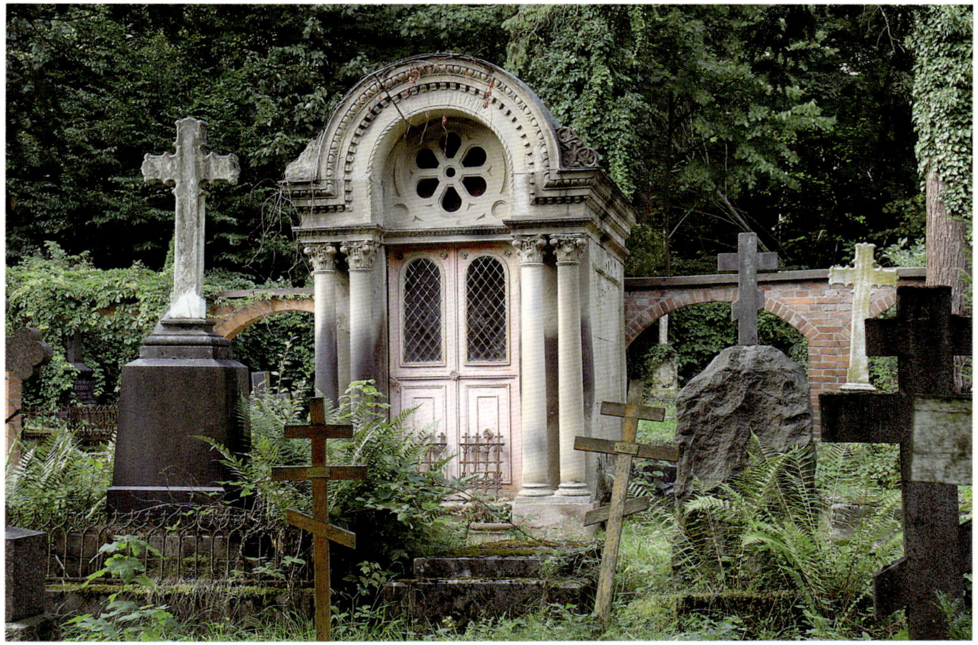

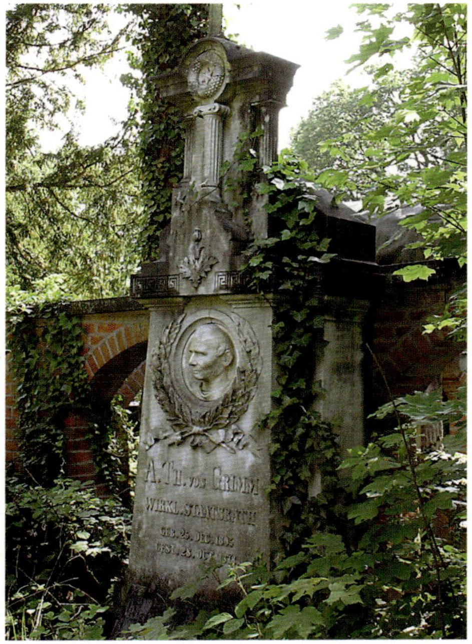

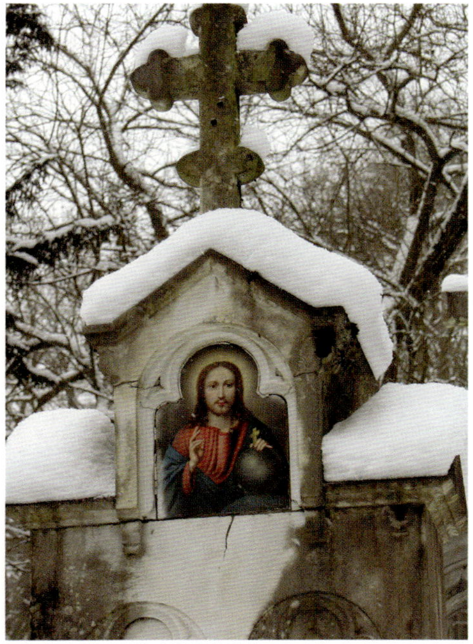

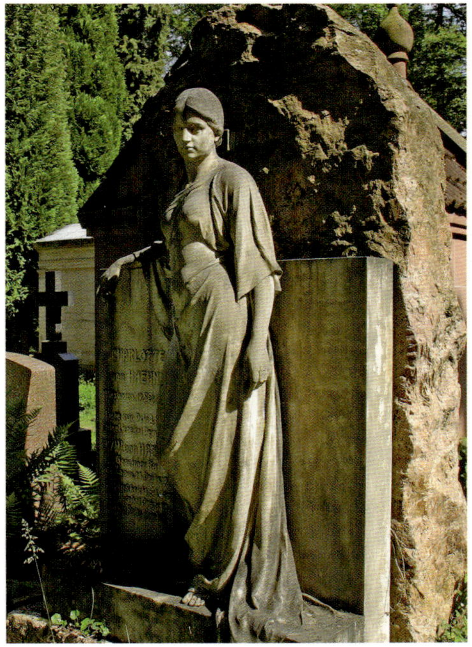

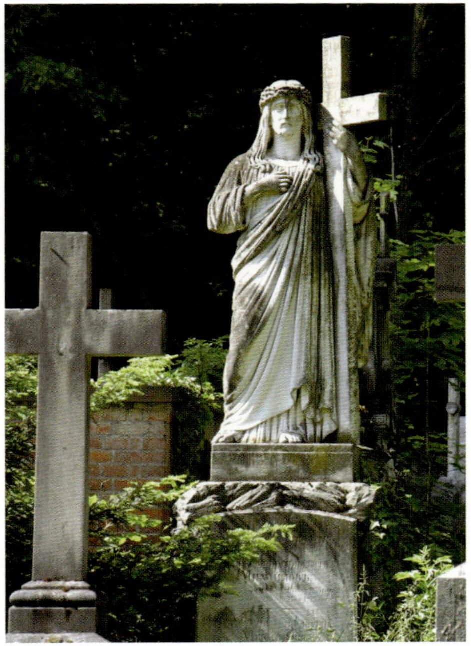

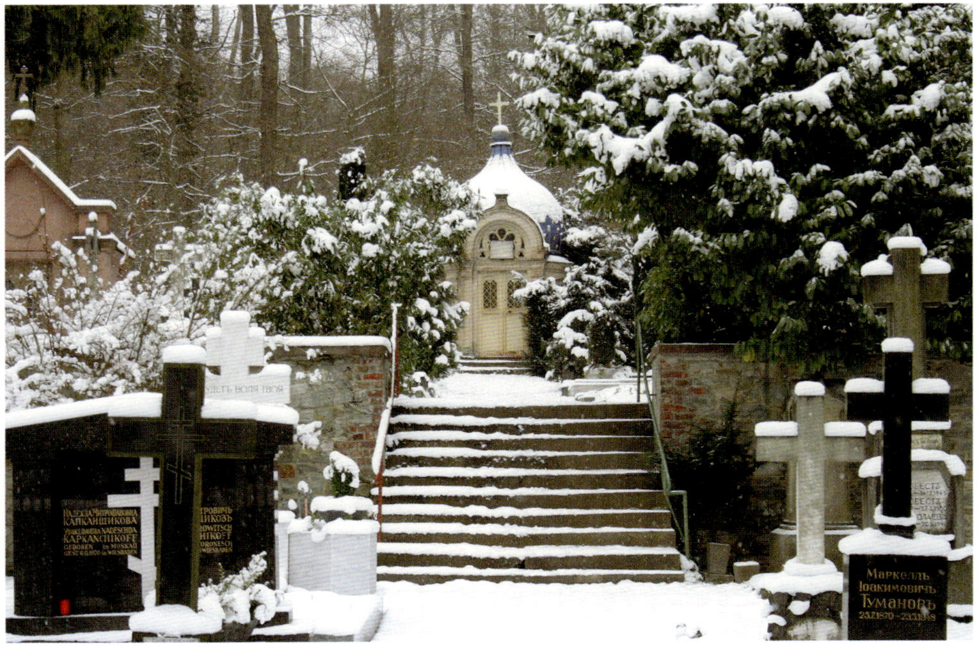

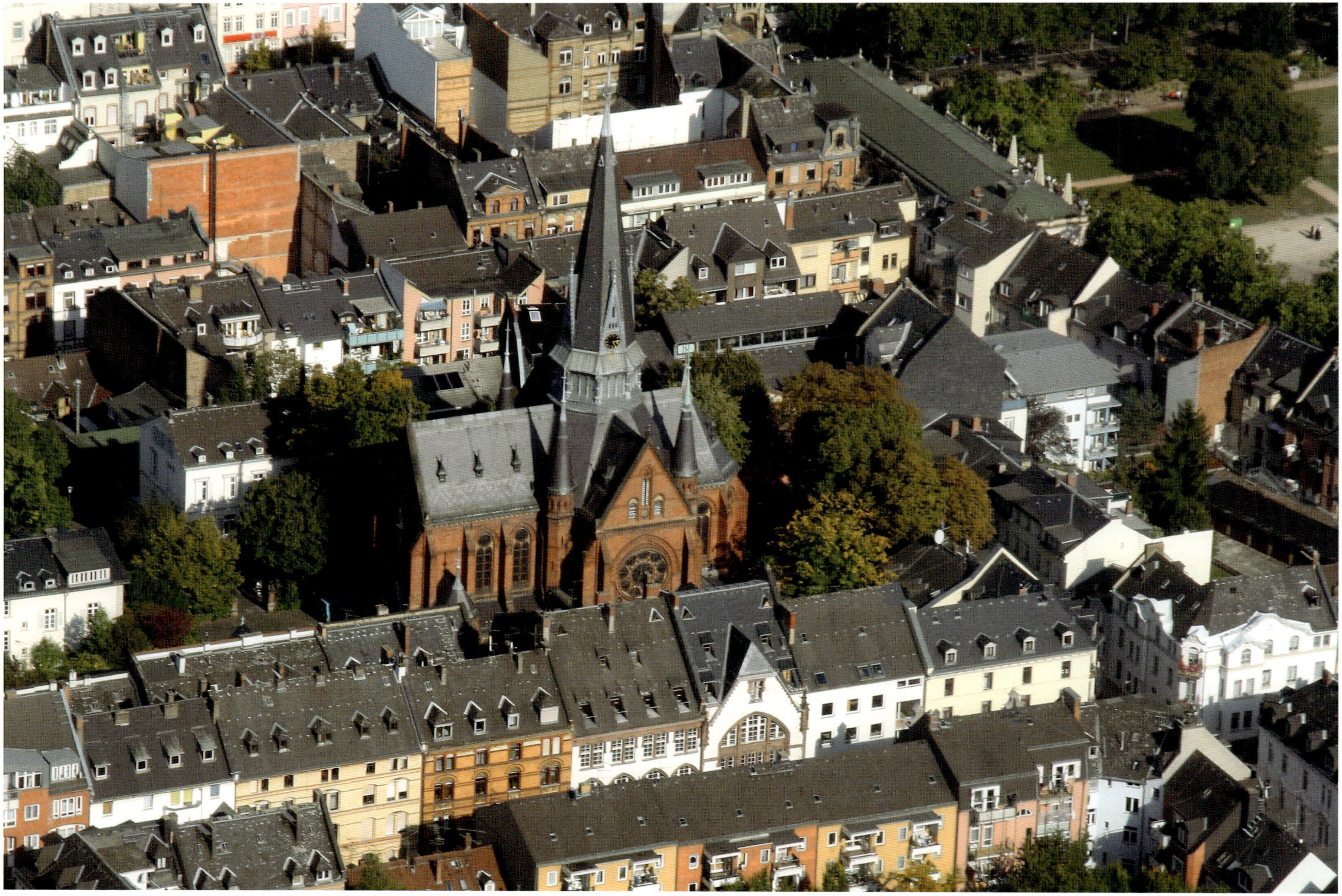

Die im neugotischen Stil erbaute und 1879 geweihte **Bergkirche** ist Namensgeberin des Bergkirchenviertels, eines der ältesten Wiesbadener Wohngebiete auf einem Plateau oberhalb der Innenstadt.

Der Innenraum des von **Johannes Otzen** erstellten Sakralbaus bietet sehenswerte Malereien, Glasfenster und Figuren. Die auch im Detail unveränderte Original-Innenausstattung ist das Besondere an dieser Kirche.

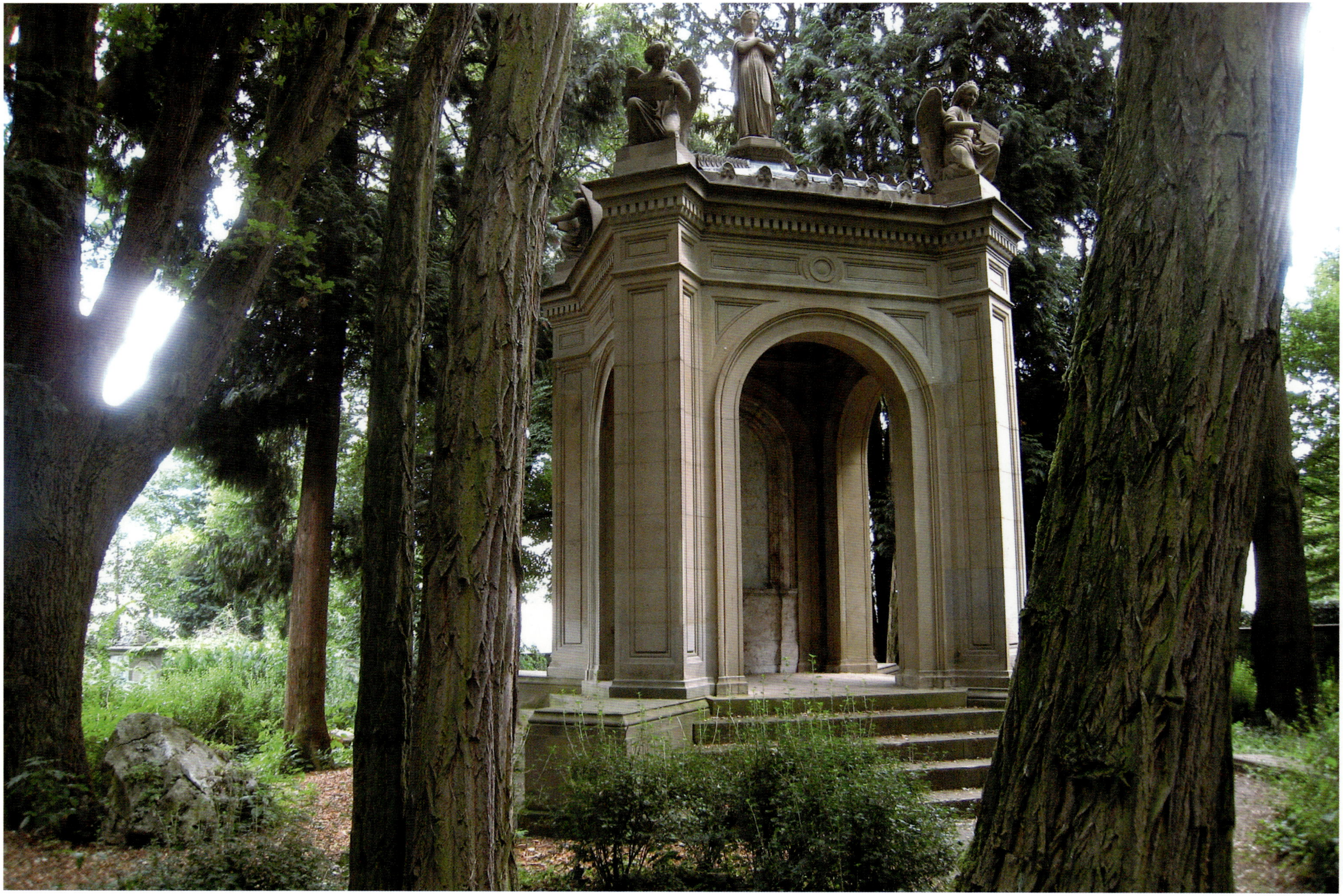

Der ehemalige **Alte Friedhof** an der Platter Straße war einst letzte Ruhestätte für 33.000 Menschen. Heute ist er ein Freizeitpark mitten in der Stadt. Beliebt bei Jung und Alt wegen der Grillhütten und Spielanlagen, wird er besonders im Sommer viel frequentiert.

Interessante Führungen über den „Alten Friedhof" vermitteln Einblicke in die Stadtgeschichte. Grabmale von Berühmtheiten wie der **Herzogin Pauline von Nassau** (1810-1856) oder **Carl Remigius Fresenius** (1818-1897) sind hier zu finden. Fresenius war der Gründer des „Chemischen Laboratoriums Fresenius" in Wiesbaden, das sich inzwischen zu einem internationalen Unternehmen entwickelt hat. Er war auch Ehrenbürger der Stadt.

Freizeitgestaltung inmitten eines früheren Friedhofs ist ein besonderes Erlebnis.

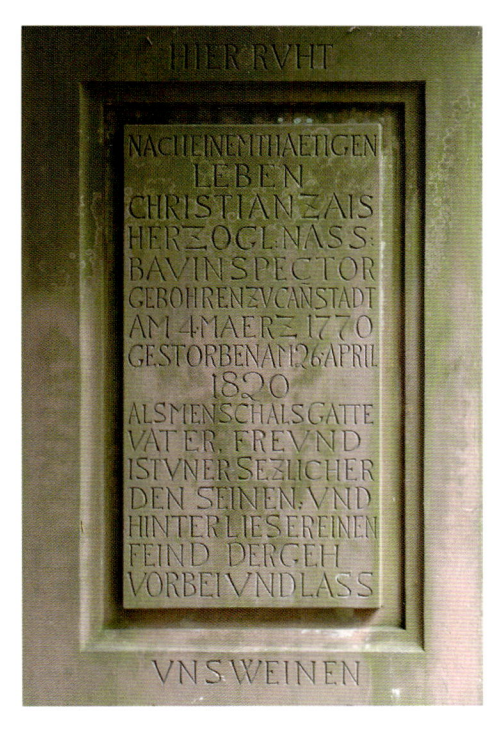

Die Grabplatte des großen Architekten und Stadtplaners **Christian Zais** befindet sich an der Innenseite der Umfassungsmauer des „Alten Friedhofs". Christian Zais prägte mit seiner Stadtplanung bis heute die Innenstadt von Wiesbaden. Er plante und errichtete einige bedeutende Bauten wie das erste Kurhaus von 1810, das Erbprinzenpalais von 1820 an der Wilhelmstraße sowie das im II. Weltkrieg zerstörte Hotel „Vier Jahreszeiten". Sein Generalbebauungsplan umschloss den historischen Stadtkern mit neuen Straßenzügen in Form eines Fünfecks (**Historisches Fünfeck**). Er war somit ganz wesentlich für die städtebauliche Entwicklung in der Mitte des 19. Jahrhunderts verantwortlich.

Die Grabstätte von **Wilhelm Lanz**. Er war der erste Oberbürgermeister Wiesbadens 1868 -1882.

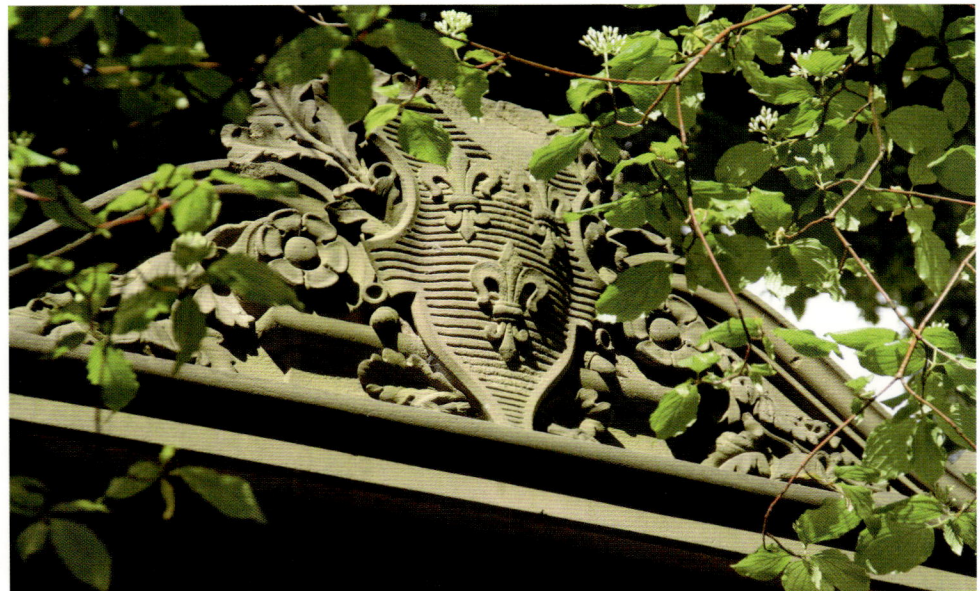

Der **Nordfriedhof** mit einer Fläche von 14,5 Hektar ist der zweitgrößte Friedhof Wiesbadens. Er wurde 1877 auf dem schmalen Höhenrücken zwischen Nero- und Adamstal angelegt. Ein Grund war, dass im 19. Jahrhundert die Zahl der Einwohner enorm zugenommen hatte und sich viele wohlhabende Bürger eine repräsentative Grabstätte wünschten. Berühmte Musiker, Dichter, Schriftsteller, Bildhauer und Maler fanden auf dem **Nordfriedhof** ihre letzte Ruhestätte, ebenso berühmte Persönlichkeiten der Stadtgeschichte und des Nassauer Landes. Viele aufwändige Grabstätten stammen aus der Jahrhundertwende vom 19. zum 20. Jahrhundert. Der Nordfriedhof ist Zeugnis und wichtiger Bestandteil der wilhelminischen Epoche der Stadtgeschichte. Es wurden insgesamt bisher ca. 85.000 Personen hier bestattet.

Die einem englischen Landschaftspark gleichende Anlage wurde unter Denkmalschutz gestellt.

Das **Kolumbarium des Nordfriedhofs,** das 1902 eröffnet wurde, ist ein Gebäude zur Aufnahme von Urnen. Im neoromanischen Stil mit Jugendstilelementen erbaut, verfügt es über 512 Nischen, in die auch heute noch Urnen deponiert werden. Stadtbaumeister Felix Genzmer hatte das Gebäude entworfen.

Im Norden der Friedhofsanlage liegt einer der sieben jüdischen Friedhöfe Wiesbadens.

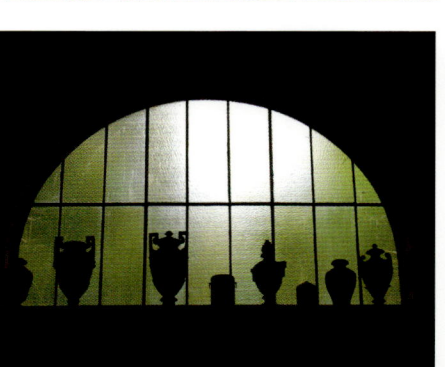

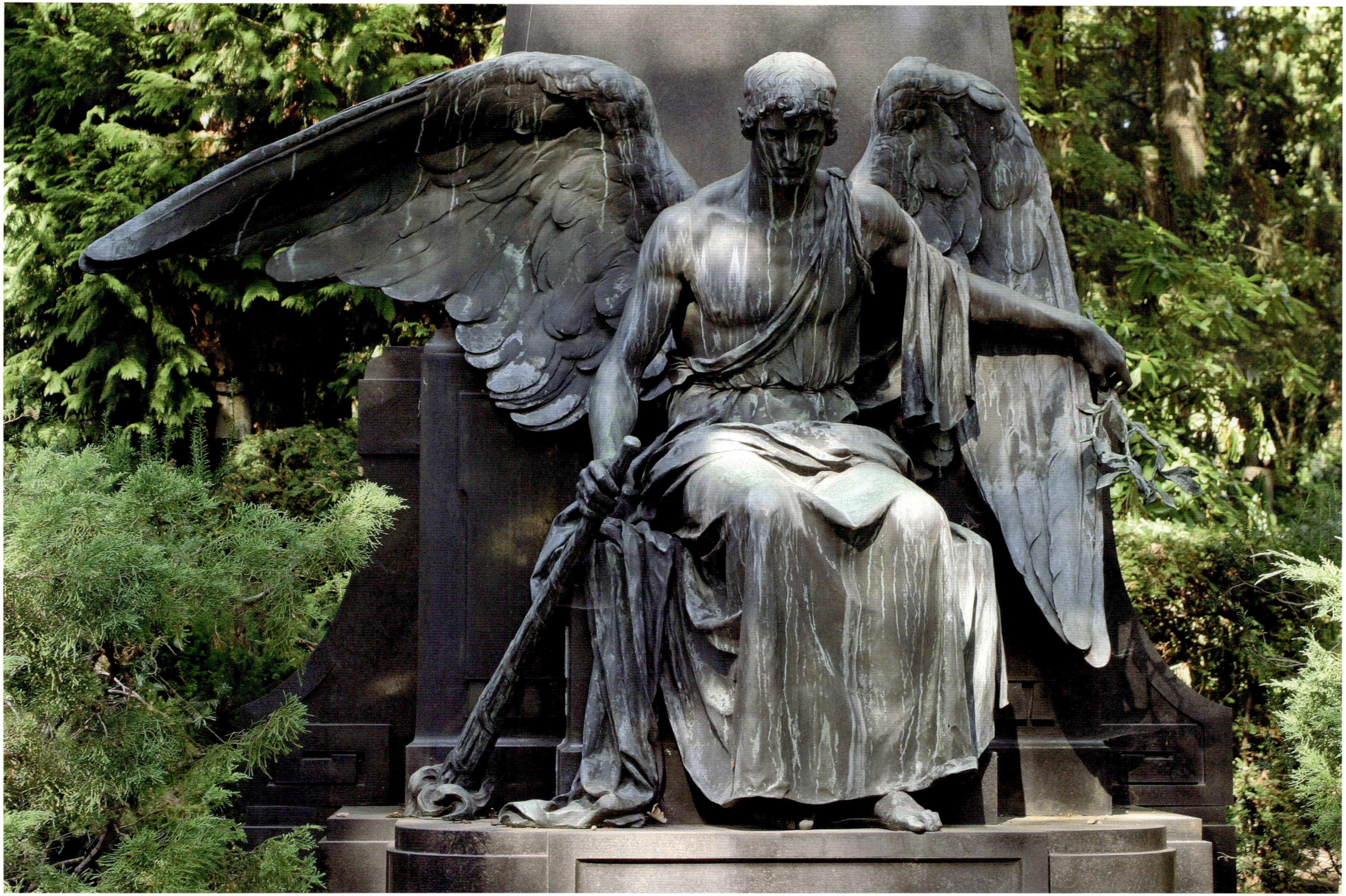

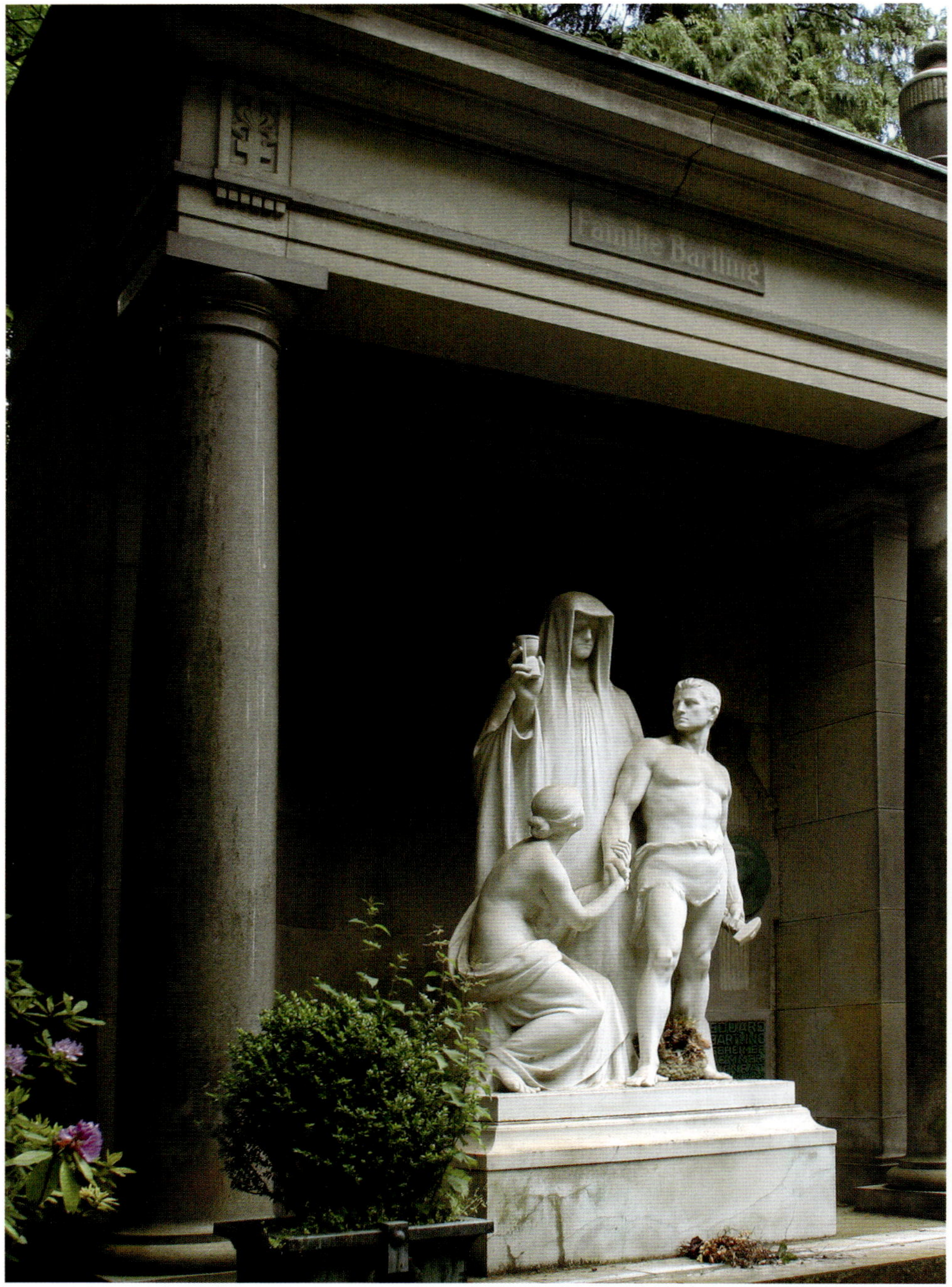
Familie Bartling

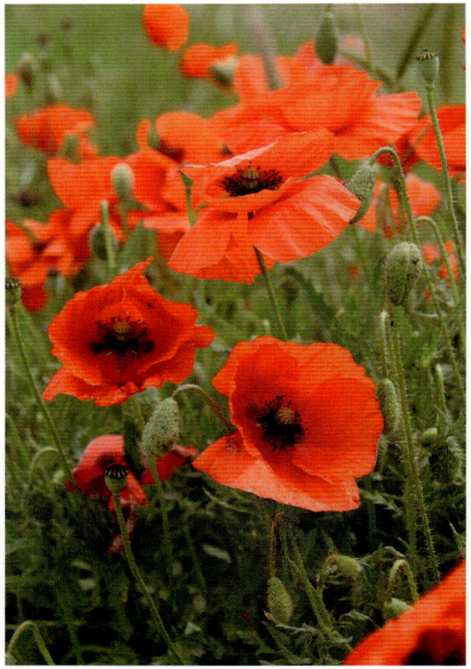

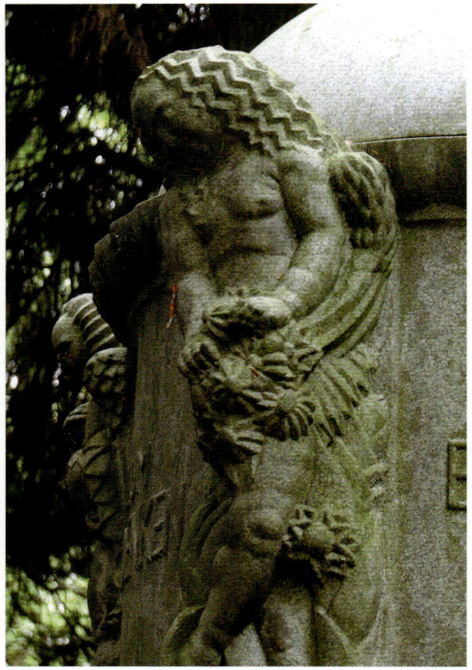

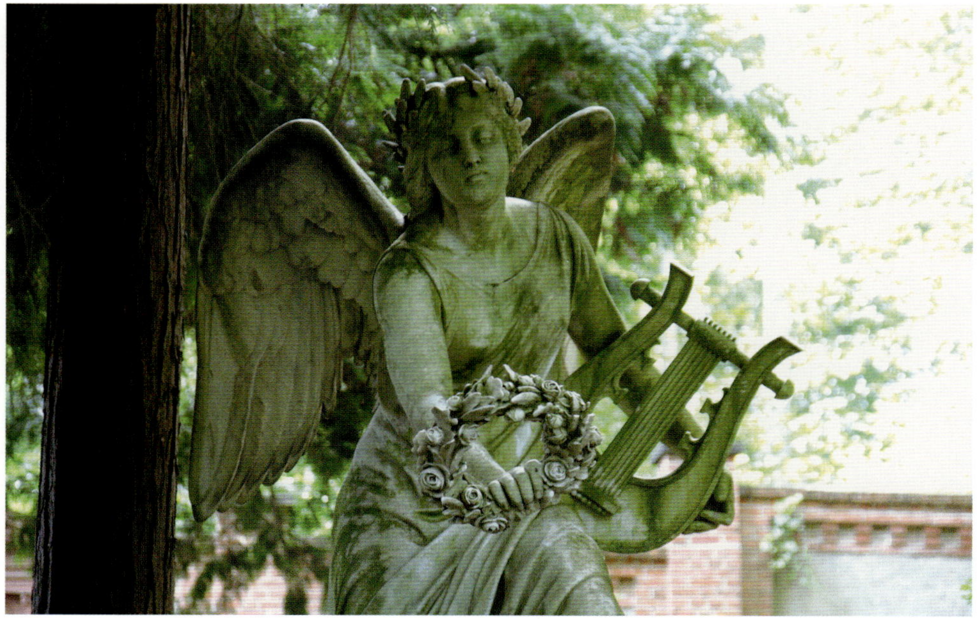

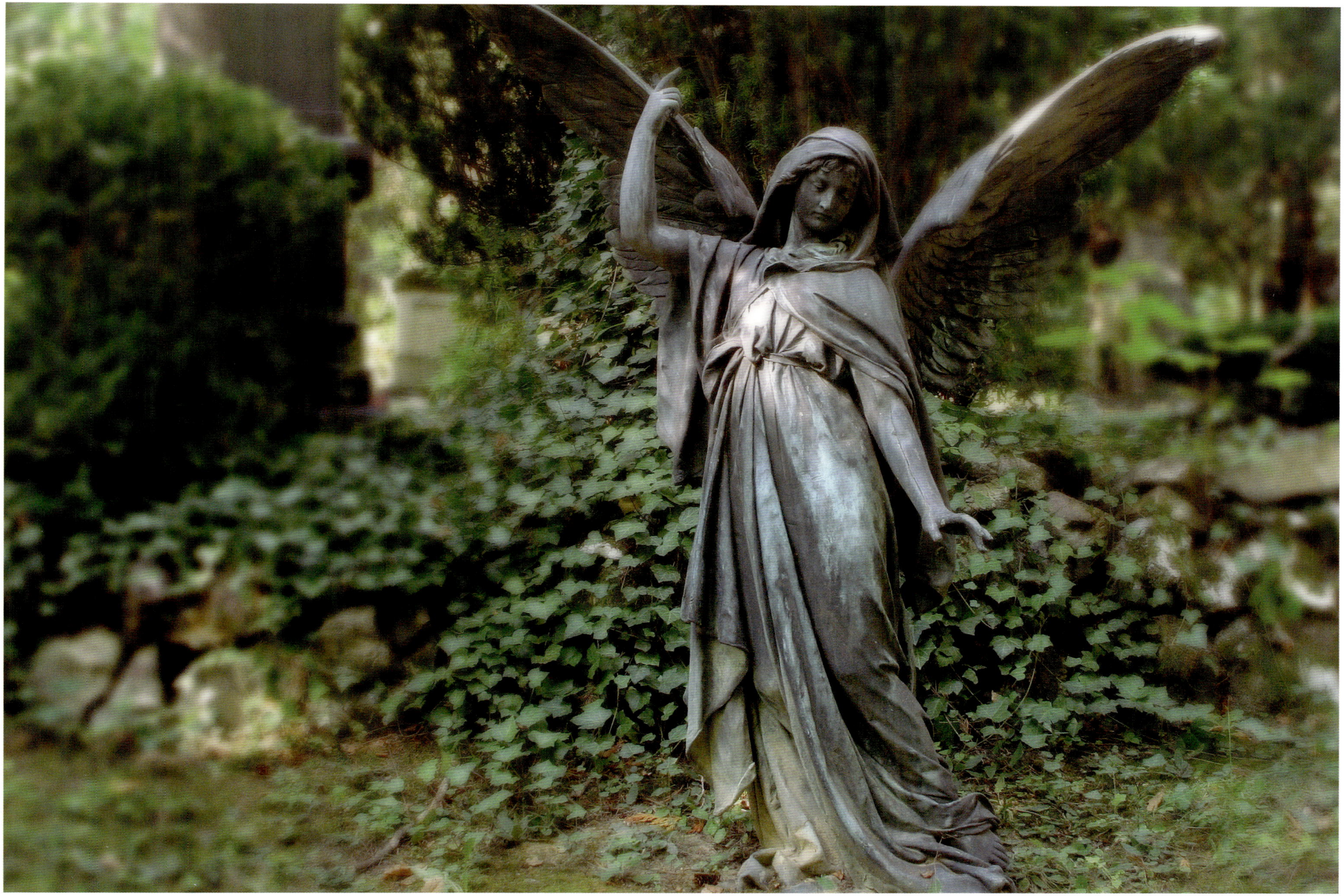

Die **Kaiser-Friedrich-Therme** wurde 1913 eröffnet. Als man mit den Bauarbeiten für das Bad begann, stieß man auf Reste eines römischen Schwitzbades. Es ist daher anzunehmen, dass bereits die Römer die 64,6° heiße Adlerquelle nutzten, die das Bad speist. Rund um das historische römisch-irische Bad befindet sich eine Saunalandschaft mit einem großen Kaltwasserbecken zum Schwimmen. Sorgfältig wurden die Fresken und Kacheln im Jugendstil restauriert, um den Badeluxus der wilhelminischen Zeit wieder auferstehen zu lassen.

Das Erholungs- und Gesundheitsangebot der Kaiser-Friedrich-Therme bietet jedem Besucher etwas für Körper und Seele.

Das **Römertor** wurde 1902 neben der „Heidenmauer" errichtet, die wohl das älteste römische Bauwerk (364-375) Wiesbadens ist. Die Mauer könnte Teil eines Befestigungswalles oder wie ebenfalls vermutet Teil eines Aquäduktes sein. Neben dem Römertor befinden sich einige Kopien von Steintafeln aus der Römerzeit, die man in Wiesbaden fand.

Auf dem Dachfirst des **Pressehauses** des „Wiesbadener Kurier" steht die Kupferstatue „Das Wissen" von Philipp Modrow.
In den Innenräumen des 1909 errichteten Bauwerks zeigt sich der Jugendstil besonders in der malerischen Gestaltung und in den Glasfenstern.

Im Hintergrund die Türme der Marktkirche.

1823-1826 von Herzog Wilhelm von Nassau erbaut, nutzt sein Sohn Herzog Adolf 1865 letztmalig das **Jagdschloss Platte**. 1913 wurde der quadratische Renaissancebau an die Stadt Wiesbaden verkauft. Im Krieg fast gänzlich zerstört, wurde er 1987 von einer Stiftung wieder nutzbar gemacht und dient heute gesellschaftlichen Anlässen jeglicher Art und kann auch von Privatleuten für Hochzeiten, Partys usw. gemietet werden. Heute ist das Gebäude ein grandioses Beispiel für die gelungene Verbindung von alter Bausubstanz und modernen Architekturelementen.

Das **Jagdschloss Platte** ist beliebter Treffpunkt bei der alljährlichen Oldtimer-Rallye des Wiesbadener Hesse Motor Sports Club HMSC.

91

Der **Tier- und Pflanzenpark Fasanerie** am Stadtrand von Wiesbaden ist ein beliebtes Ausflugsziel, besonders für Familien mit Kindern. Er bietet etwa 50 ausschließlich heimische Wild- und Haustierarten. Viele exotische und heimische Gewächse sorgen für ein attraktives Umfeld. Der Name des Parks stammt aus dem 18. Jahrhundert, als die Fürsten zu Nassau eine Fasanenzucht anlegten.

Der **„Förderverein Fasanerie e.V."** und das **„Naturpädagogische Zentrum"** bieten naturkundliche Führungen an, die Kindern und Jugendlichen Wissenswertes über die Tier- und Pflanzenwelt vermitteln. Ebenso sind Kreativkurse im Angebot.

Favoriten der Kinder sind Schafe und Ziegen, die sich gerne streicheln lassen und auch mit speziellem Tierparkfutter gefüttert werden dürfen. Ebenso beliebt ist der Spielplatz, der sehr großzügig angelegt ist.

Bären und Wölfe bewohnen gemeinsam ein Gehege. Streit gibt es offensichtlich nur bei der Fütterung, sonst geht man sich aus dem Weg. Die Fütterungen sind immer wieder eine Attraktion für alle Besucher.

Auf dem Weg zur **Albrecht-Dürer-Anlage**, die 1909 in einem früheren Wiesental angelegt wurde. Im Stil eines englischen Landschaftsgartens bietet sie Pflanzenreichtum und Ruhe.

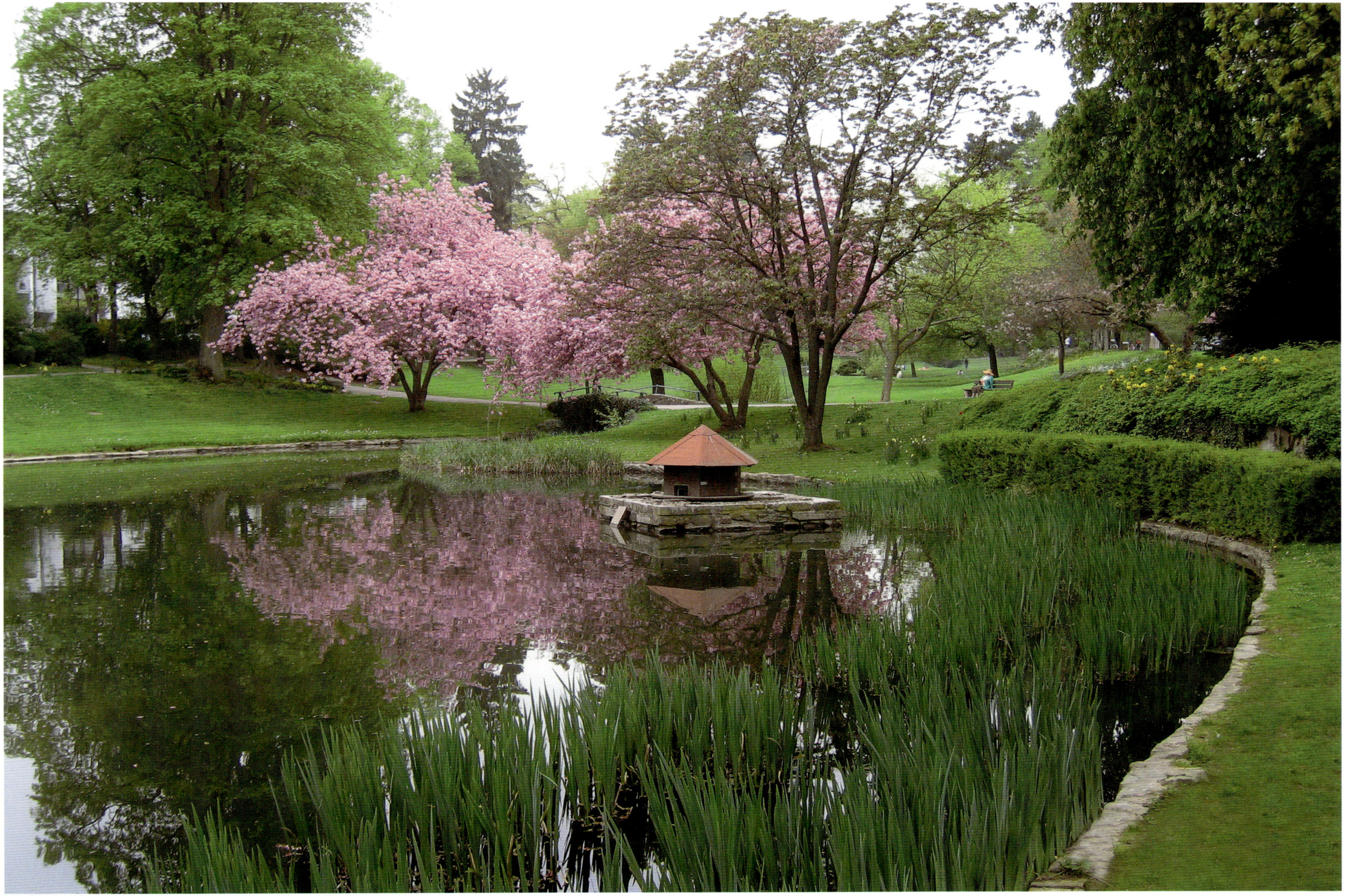

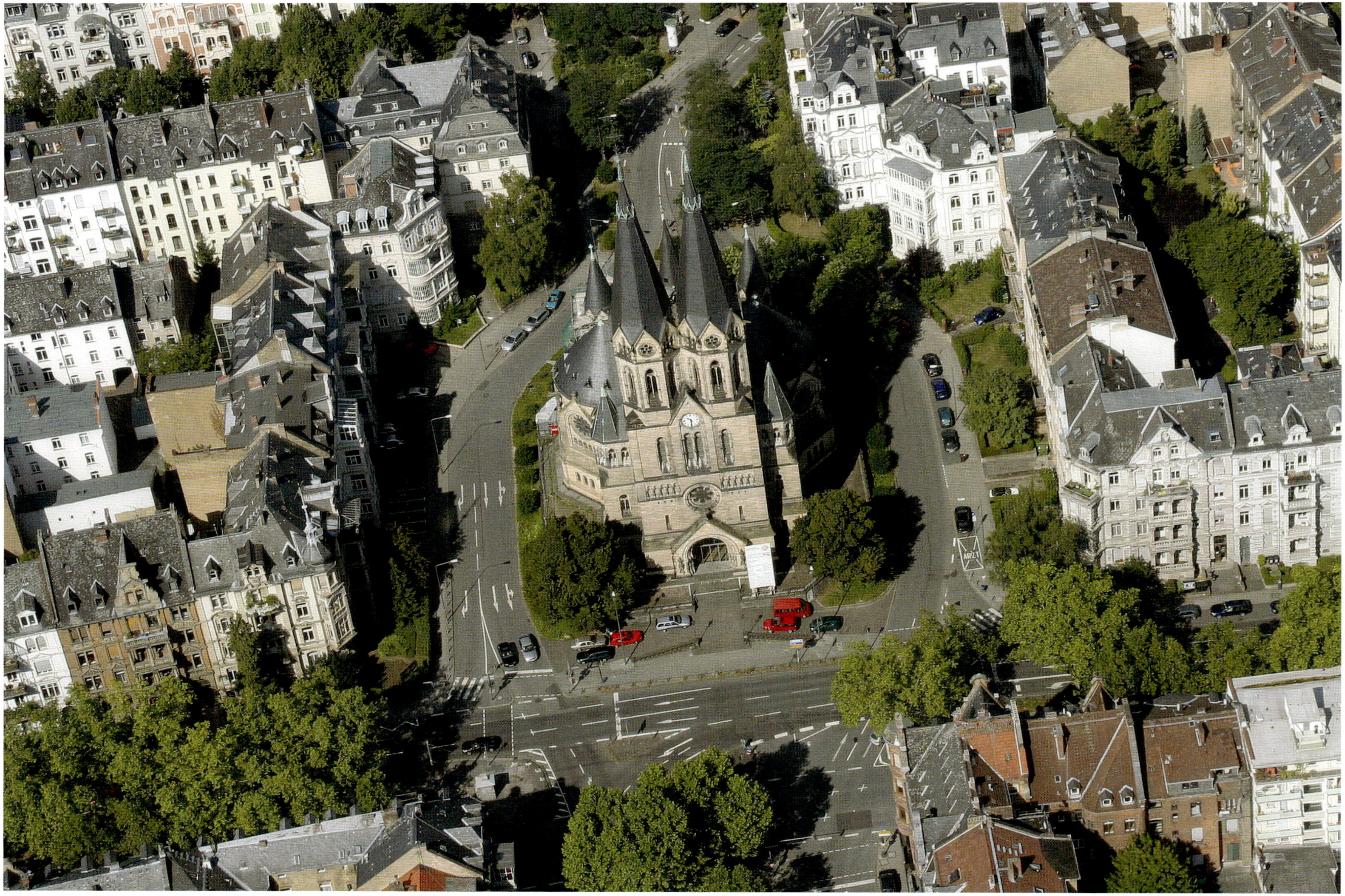

Die im Übergangsstil von der Romanik zur Gotik erbaute **Ringkirche** war lange Jahre als „Wiesbadener Programm" Vorbild für den Bau protestantischer Gotteshäuser. Das von Luther geforderte „Priestertum aller Gläubigen" erfährt nach diesem Vorbild eine architektonische Umsetzung. Die Gemeinde feiert den Gottesdienst in einem Raum, in dessen Mittelpunkt Altar, Kanzel und Orgel übereinander angeordnet sind. 2002 wurde die Ringkirche zum deutschen Nationaldenkmal erklärt.

1894 eingeweiht und damals noch auf freiem Feld stehend, zeigt die aktuelle Luftaufnahme, wie schön die Ringkirche in die Wohngebiete am Kaiser-Friedrich-Ring mit den vielen alten Bäumen passt.

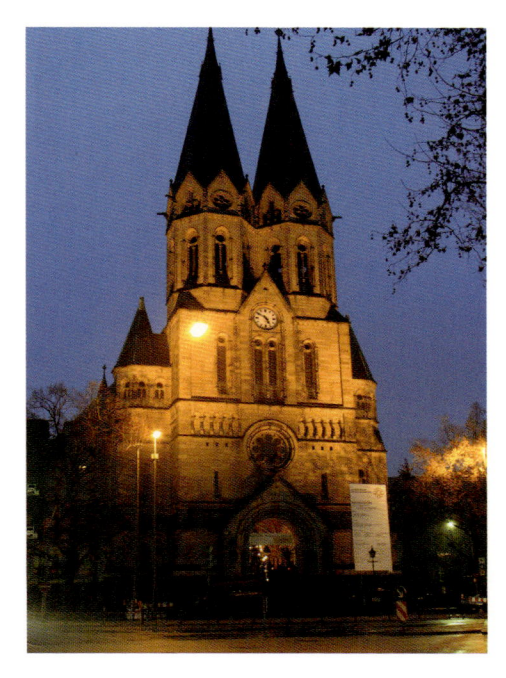

Wiesbaden hat an schönen **Fassaden** wirklich viel zu bieten. Gerade am **Kaiser-Friedrich-Ring, Bismarck-Ring** sowie in den angrenzenden Seitenstraßen lohnt es sich, den Blick nach oben zu richten und die vielen Schmuckelemente und Figuren an den Fassaden eingehend zu betrachten. Die Mehrzahl dieser Gebäude ist ungefähr zwischen 1850 und 1914 entstanden und bietet so ein fast einheitliches Erscheinungsbild aus allen Phasen des Historismus.

Diese Vielfalt der mit viel Aufwand und Liebe zum Detail restaurierten Bauwerke Wiesbadens ist beeindruckend und einzigartig.

In der Wörthstraße steht das **Höppli Haus**, ein besonders schönes Beispiel von Industriekultur im Historismus. Hier betrieb der Schweizer Jacob Höppli seine **Thonwaaren und Fayencen-Fabrik.** Er stellte Baukeramiken her, die für die Gestaltung der Fassaden vieler Bürgerhäuser und Villen in Wiesbaden gebraucht wurden. Das zwischen 1872 und 1876 im Stil der italienischen Renaissance erbaute Haus verfügt über charakteristische Elemente, wie die „Karyatiden", die das Gebälk tragen.

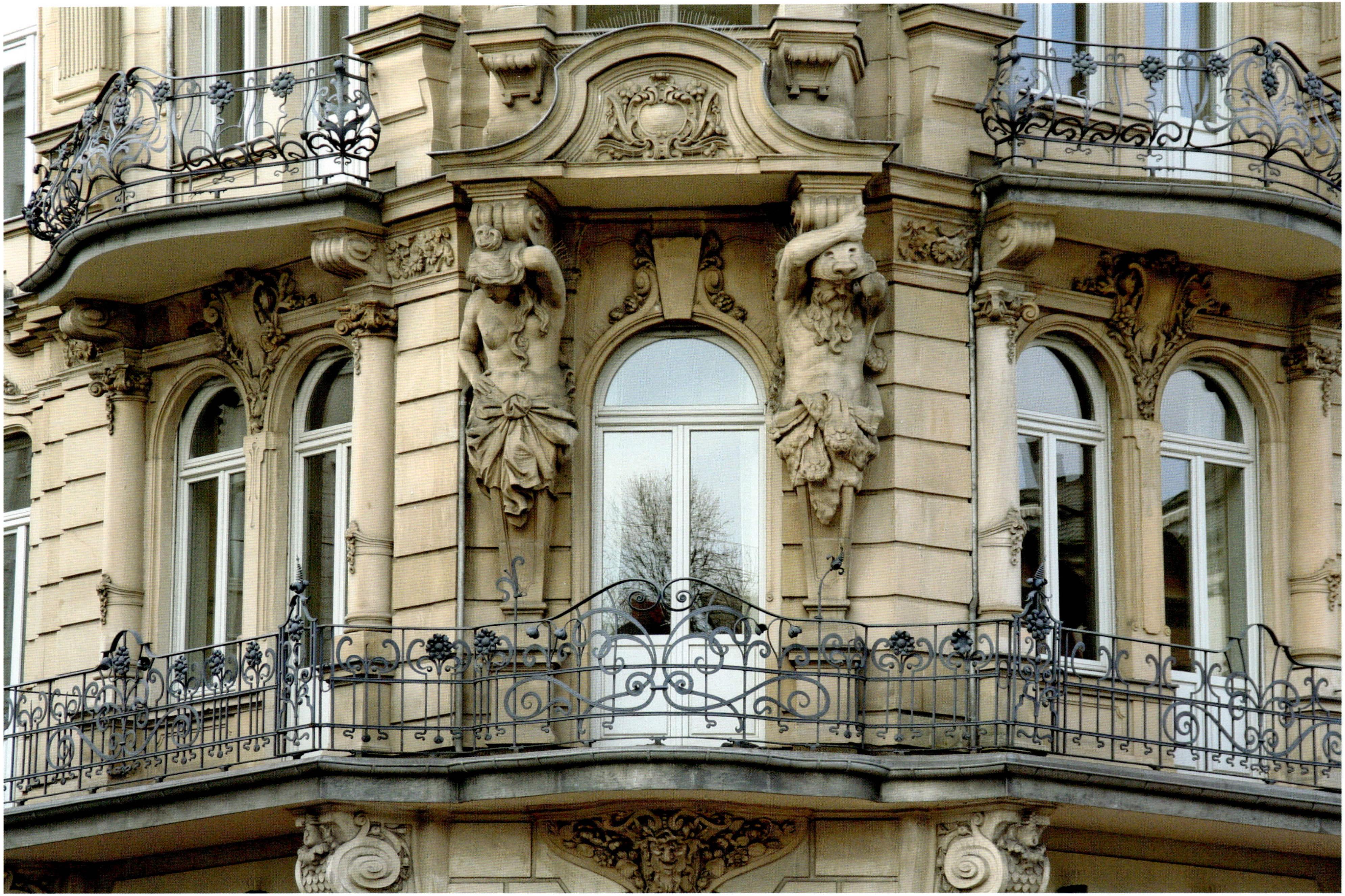

Palast Hotel

Die Stadtviertel in Wiesbaden verbinden sich zu einer Gesamtanlage von höchstem künstlerischem und städtebaulichem Wert, wie es sie außerhalb Wiesbadens nur noch selten gibt. Die **Fassaden** sollten in ihrer Art auch die soziale Stellung der Bewohner widerspiegeln. So wurde die erste Etage oder das Hochparterre der Miethäuser meist „Bel Etage" genannt und verfügte über sehr hohe Decken und viele Stuckverzierungen. Hier wohnte das wohlhabende Bürgertum. Die soziale Stellung der Bewohner wurde nach oben meist geringer und die Decken niedriger und die Fenster kleiner.

In Wiesbaden sind aber auch reine Villenkolonien zu finden, in denen die Häuser für die gehobenen Ansprüche der wohlhabenden Bürger mit prachtvollen Fassaden versehen wurden. Es lohnt sich, die Straßen seitlich des Kurparks zu erkunden und die einmalig schönen Villen zu betrachten.

Das **Solms-Schlösschen** in der gleichnamigen Strasse ist eine prächtige Villa, die 1890-1892 für Prinz Albrecht zu Solms-Braunfels im Neogotik-Stil mit Elementen des Fachwerkbaus errichtet wurde. Vorbild war das Schloss Braunfels.

103

104

Die **Lutherkirche** wurde 1910 im Jugendstil erbaut und bildet mit den beiden Pfarrhäusern ein einheitliches architektonisches Ensemble. Ein 50 Meter hoher Turm und ein gewaltiges Dach kommen an dieser Stelle am Gutenbergplatz besonders zur Geltung. Der Taufraum mit seinen goldenen Wänden vermittelt eine besonders schöne Atmosphäre.

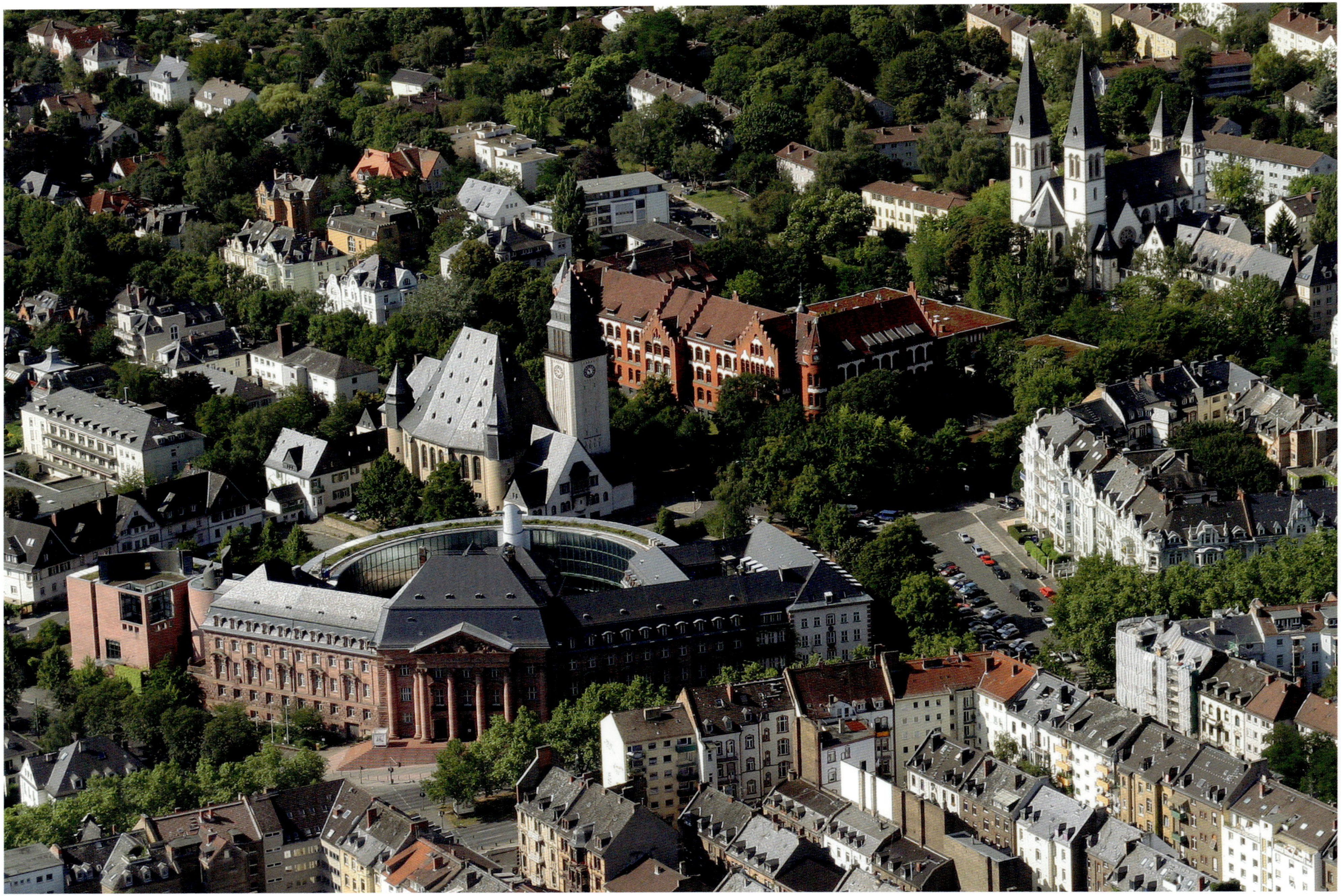

Das **Hessische Hauptstaatsarchiv** in der Mosbacher Straße, seitlich der Biebricher Allee, verwahrt Archivalien vom 10. Jahrhundert bis zur Gegenwart im Umfang von rund 50.000 Regalmetern.

Der **Wasserturm** auf der Biebricher Adolphshöhe wurde 1897 eingeweiht und diente neben der Wasserversorgung auch als Aussichtsturm. In Verbindung mit den ihn umgebenden Backsteinhäusern der Jahrhundertwende bildet er eine historische Architekturinsel.

Das **Landesdenkmal** am Henkellpark ist Herzog Adolf von Nassau gewidmet, dem späteren Großherzog von Luxemburg.

Die Luftaufnahme zeigt das im Neobarock erbaute **Landeshaus** am Kaiser-Friedrich-Ring mit modernem Erweiterungsbau auf der Rückseite. Es folgt die **Lutherkirche** und im Hintergrund sind das **Gutenberg-Gymnasium** und die **Dreifaltigkeitskirche** zu sehen.

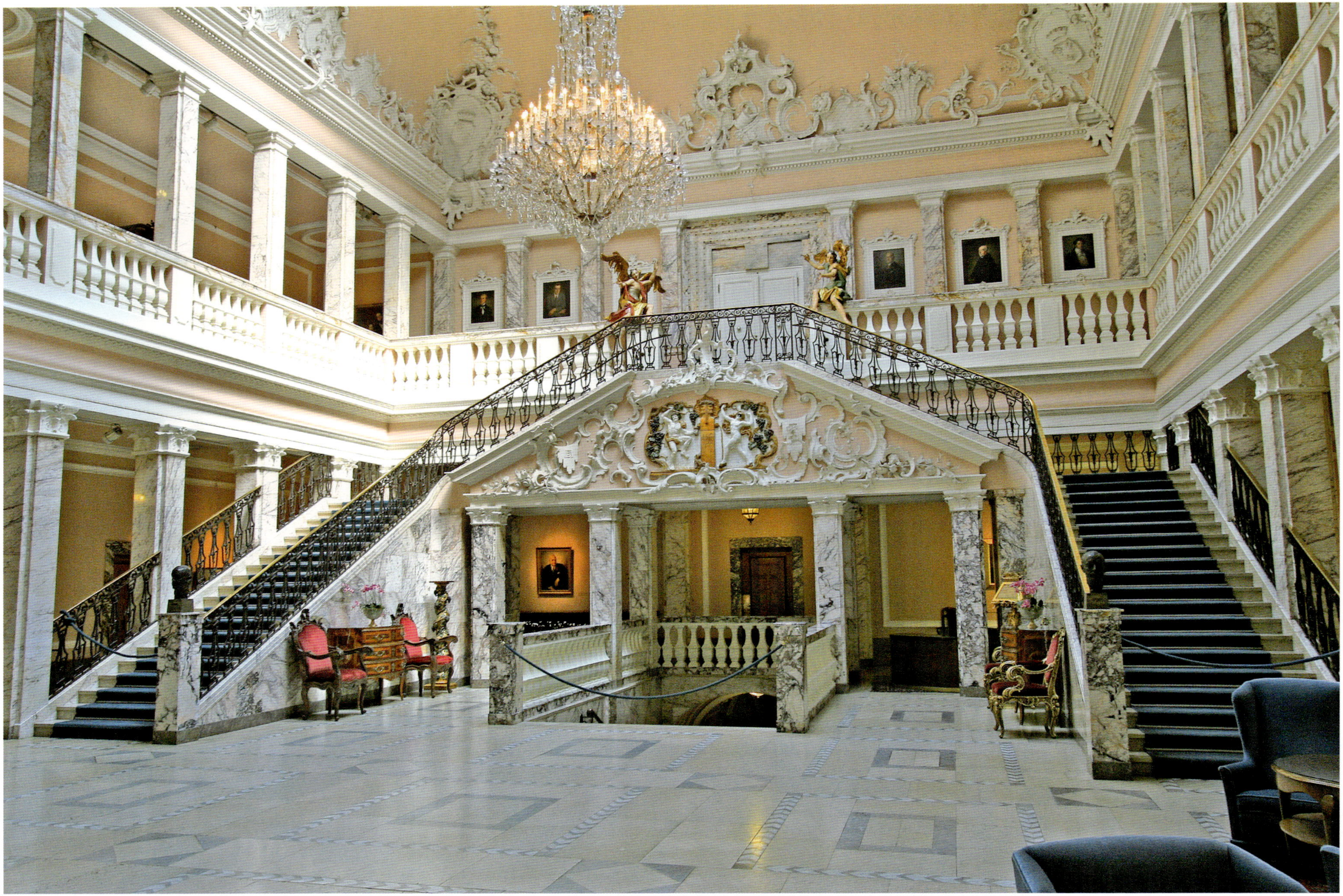

Das **Henkell-Schlösschen** an der Biebricher Allee sollte sowohl den Erfordernissen der Sektherstellung als auch der Repräsentation dienen. Das Gebäude im klassizistischen Stil trägt ein Walmdach aus Kupfer und Glas. Der malerische Hof wird von Pavillons begrenzt.

Die Wurzeln der berühmten Firma gehen bis in das Jahr 1832 zurück, als Adam Henkell in Mainz eine Weinhandlung betrieb. Mitte des 19. Jahrhunderts begann dieser mit der Sektherstellung. Anfang des 20. Jahrhunderts wurde dann der Firmensitz in Wiesbaden-Biebrich gebaut.

Der prachtvolle **Marmorsaal** wurde im Stil des Rokoko ausgeschmückt und zeigt üppige Verzierungen. Dies geschah 1928 auf Veranlassung von Otto Henkell, dem Enkel des Firmengründers, nachdem ihm die klassizistische Gestaltung nicht mehr repräsentativ genug erschien. Der Saal wird heute für Präsentationen und Konzerte genutzt.
Eine Kellerei-Führung bei Henkell sollte man nicht verpassen, bei der man in den **Marmorsaal** gelangt, in die sieben Stockwerke tiefen Weinkeller und neben einer Museumsbesichtigung einen Blick in die Produktion werfen kann. Möglichkeiten, den Sekt zu probieren, gibt es natürlich auch.
Jedes Jahr am Samstag vor Muttertag findet der **Tag des deutschen Sektes** statt. Die Sektkellereien der Region öffnen an diesem Tag ihre Keller zur Besichtigung und zum Probieren. Bei toller Musik, gutem Essen und Sekt wird auch auf dem Henkell-Firmengelände gefeiert.

Bis zur Fertigstellung des Stadtschlosses in Wiesbaden war das **Biebricher Schloss** die ehemalige Residenz der Fürsten und späteren Herzöge von Nassau. Danach wurde das barocke Schloss nur noch als Sommerresidenz genutzt. Die dreiflügelige Anlage besteht aus West- und Ostflügel, die an die äußeren Pavillons grenzen, die wiederum mit Galerien mit der Rotunde verbunden sind. Was um 1700 mit einem Gartenhäuschen begann und dann immer wieder erweitert wurde, ist heute ein prachtvoller Bau und dient unter anderem der hessischen Landesregierung zu Repräsentationszwecken. Das Biebricher Schloss ist eines der bedeutendsten Barockschlösser am Rhein. Auf der dem Fluss abgewandten Seite befindet sich ein weitläufiger Landschaftspark, der auch Austragungsort des Internationalen Wiesbadener Pfingstturniers ist.

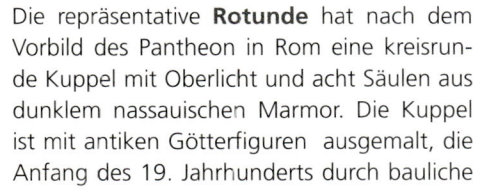

Die repräsentative **Rotunde** hat nach dem Vorbild des Pantheon in Rom eine kreisrunde Kuppel mit Oberlicht und acht Säulen aus dunklem nassauischen Marmor. Die Kuppel ist mit antiken Götterfiguren ausgemalt, die Anfang des 19. Jahrhunderts durch bauliche Veränderungen übermalt worden waren. Bei Restaurierungen legte man diese wieder frei. Äußerlich wird die Rotunde von 16 Statuen antiker Götter gekrönt, die jeweils paarweise angeordnet sind.

An Pfingsten trifft sich die Elite der Pferdesportler aus aller Welt zum **Internationalen Wiesbadener Pfingstturnier** im **Biebricher Schlosspark**. Das bedeutet Spitzensport, glanzvolle Programmpunkte, jede Menge Unterhaltung nicht nur für Pferdesportbegeisterte. Das Programm umfasst Prüfungen im Springen, Dressur, Voltigieren und Kutschfahren. Die Eröffnungsgala, die „Wiesbadener Pferdenacht", ist ein faszinierender Auftakt. Die Tatsache, dass die Veranstaltung im Schlosspark stattfindet, gibt ihr den besonderen Zauber.

Der **Schlosspark** war im 18. Jahrhundert ursprünglich ein französischer Garten mit Balustraden und einer Orangerie. Anfang des 19. Jahrhunderts wurde die Orangerie abgerissen und ein englischer Landschaftspark angelegt. Auf den Ruinen einer mittelalterlichen Burg wurde eine romantische künstliche Ruine, die Mosburg, mit einem Weiher gestaltet. Im Park haben sich inzwischen verschiedene Arten von Papageien angesiedelt, von denen sich die Halsbandsittiche besonders stark vermehrt haben und inzwischen im gesamten Stadtgebiet vorkommen.

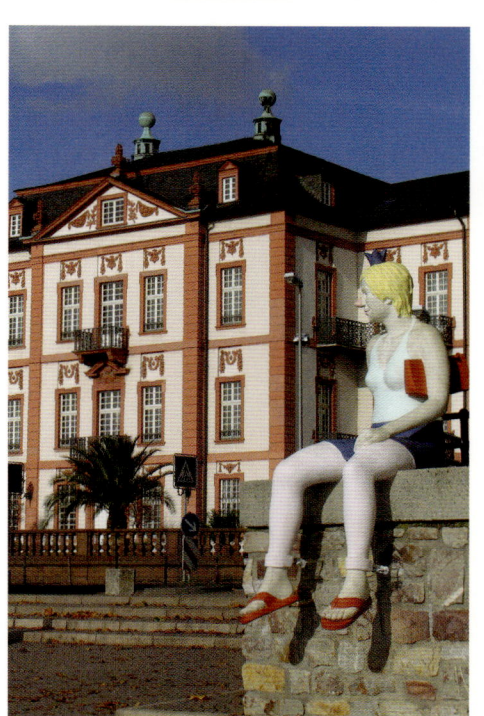

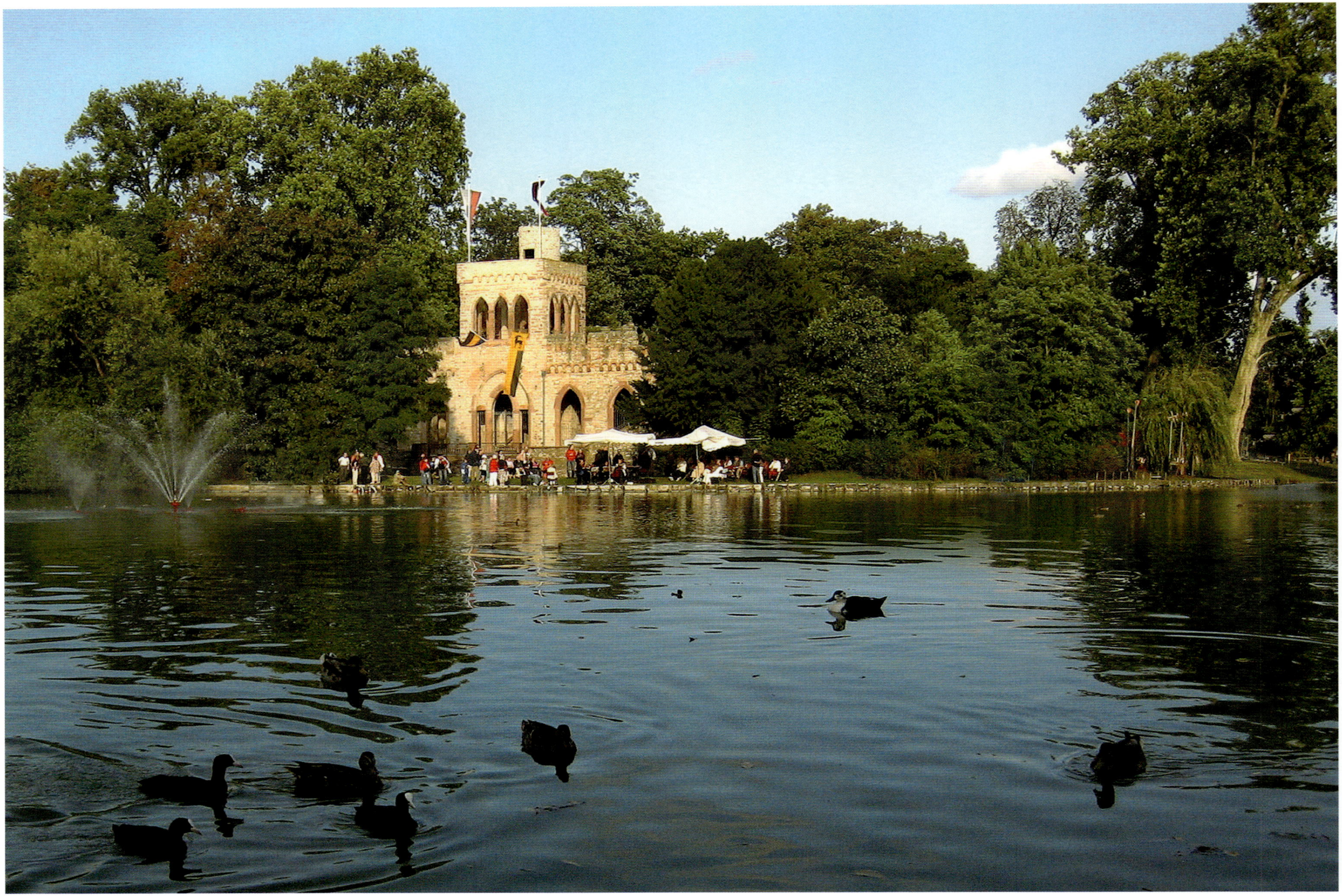

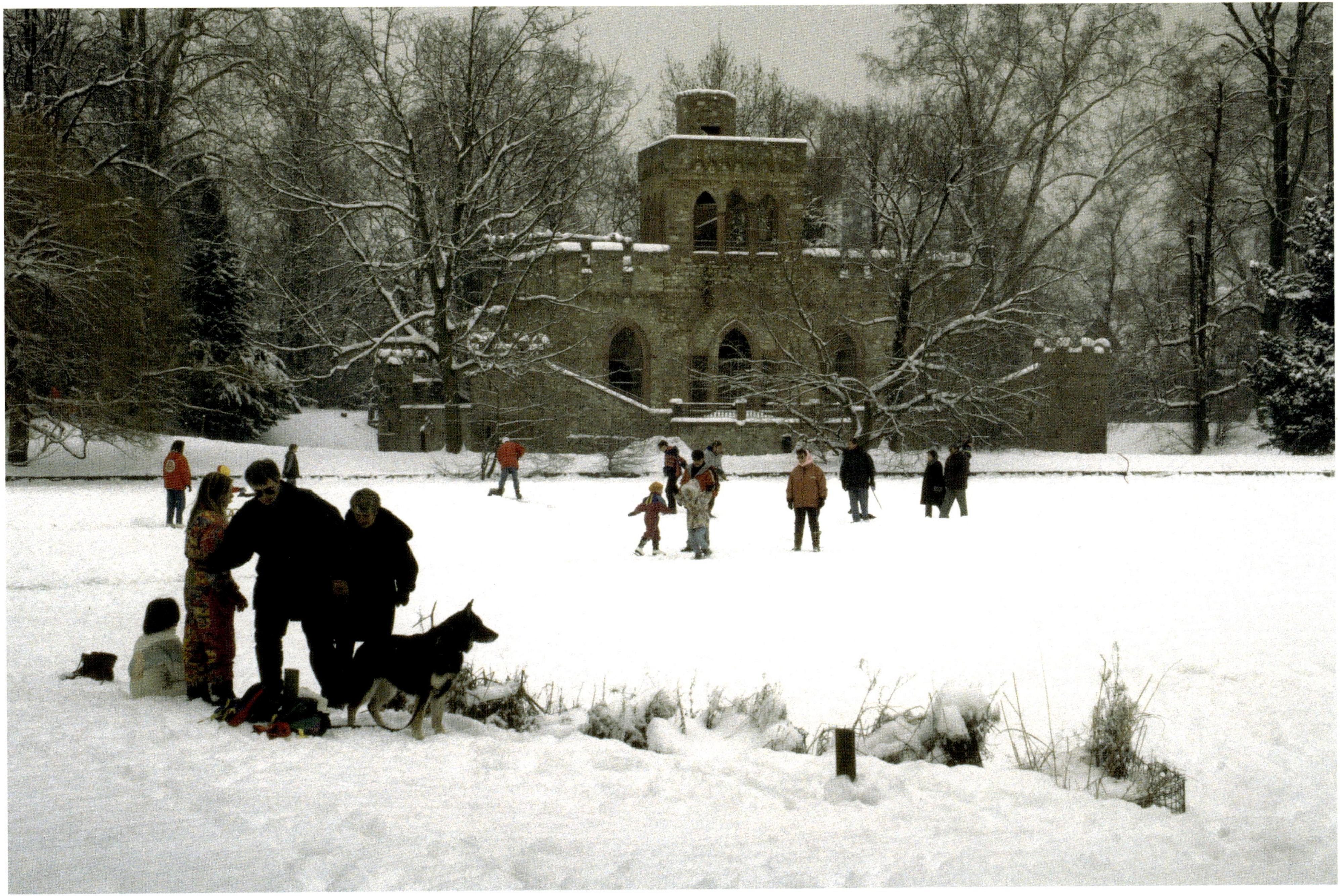

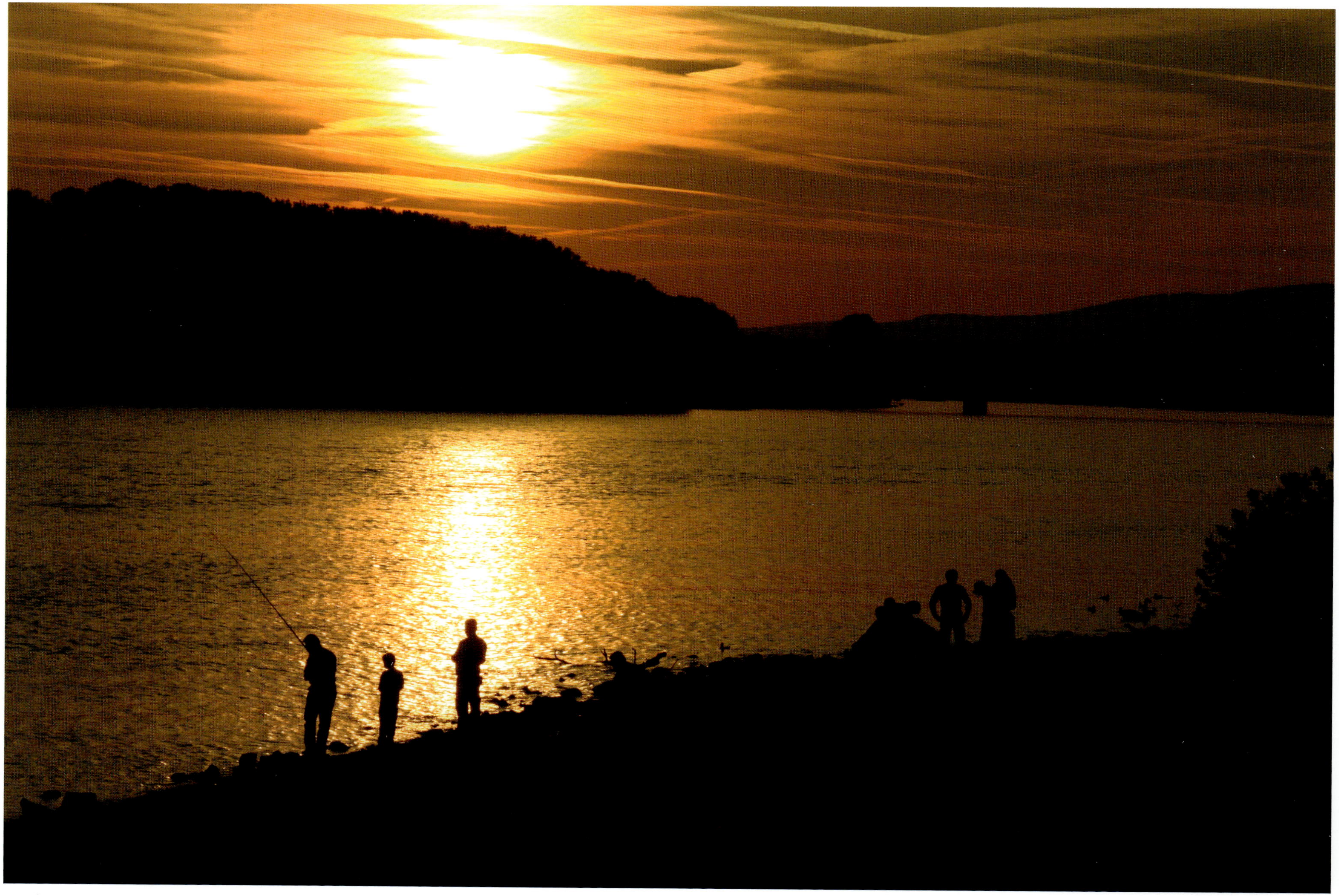

Traumhafte Sonnenuntergänge an der **Biebricher Rheinuferpromenade:** Die Platanenallee ist allabendlich Treffpunkt der Bevölkerung. Biebrich hat Gegensätze, einerseits das prachtvolle Biebricher Schloss, andererseits ist es einer der größten Industriestandorte im Rhein-Main-Gebiet. Ein lebendiger Vorort, der für sein Höfefest, mit einem multikulturellen Programm, bekannt ist.

1862 weilte **Richard Wagner** in der **Villa Annika** am Rhein in der Nähe des Biebricher Schlosses. Dort entstanden Teile seines Werkes „Meistersinger von Nürnberg".

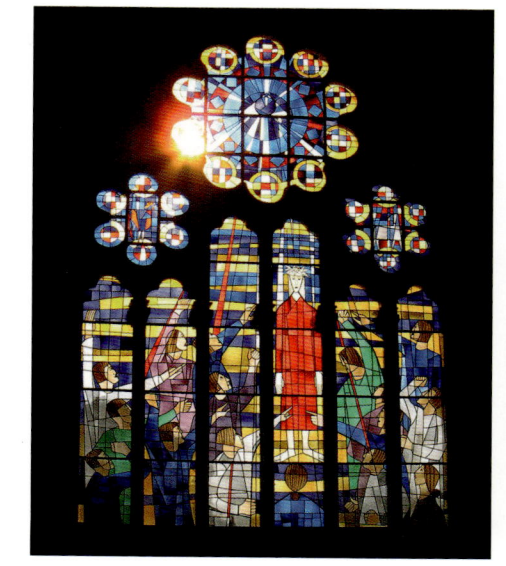

Die markante **Oranier-Gedächtniskirche** am Rheinufer wurde 1905 als zweite evangelische Kirche in Biebrich geweiht. 1967 wurden neue Seitenfenster nach Entwürfen von Margret Thomann-Hegner in der Kirche eingesetzt.

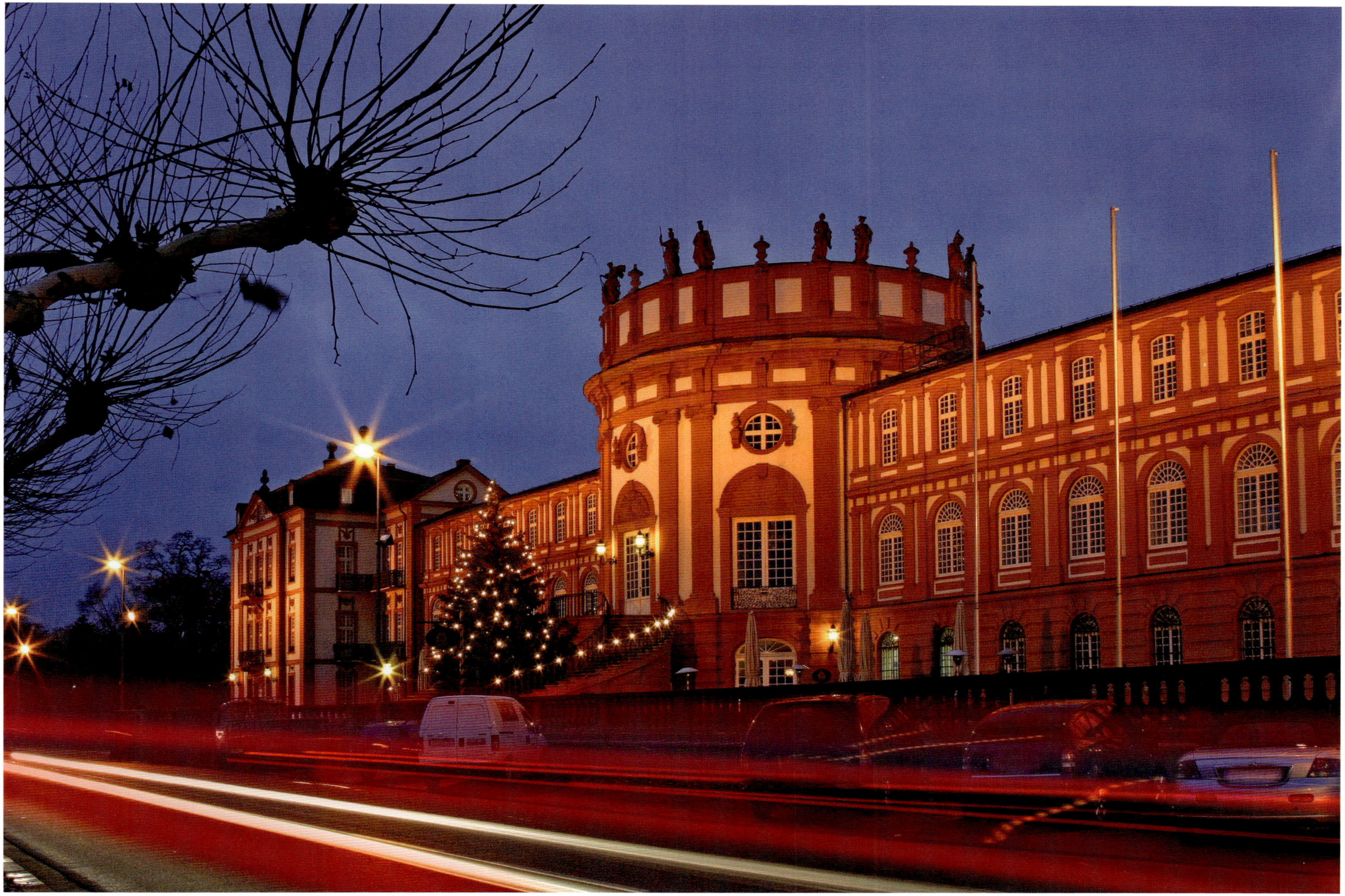

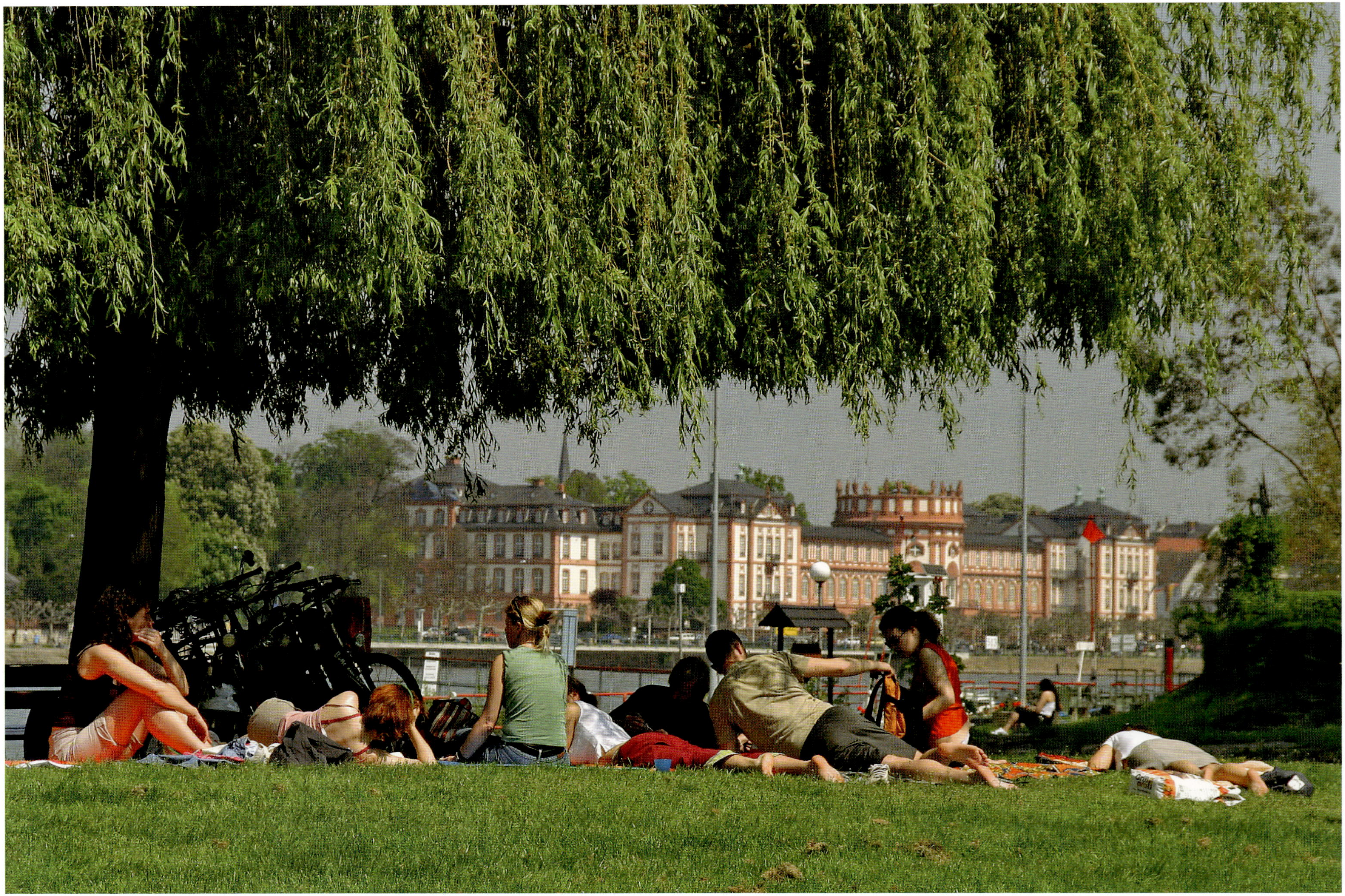

Die **Rettbergsaue** erhielt ihren Namen von Freiherr Carl von Rettberg, der einst Besitzer dieser Insel war und sie landwirtschaftlich nutzte. Sie ist etwa 2750 m lang und bis zu 380 m breit und zählt damit zu den größten Inseln im Rhein. Dieser idyllische Platz mit weißen Sandstränden bietet einen wunderschönen Blick auf das Biebricher Rheinufer mit dem Schloss. Erreichbar ist die Aue mit dem Schiff „Tamara" oder über eine Treppe von der Schiersteiner Brücke.

Mit großem Kinderspielplatz, Grill- und Bolzplatz und Cafè ist die Rettbergsaue ein ideales Erholungsgebiet für Familien. Ein Großteil der Insel ist jedoch Naturschutzgebiet.

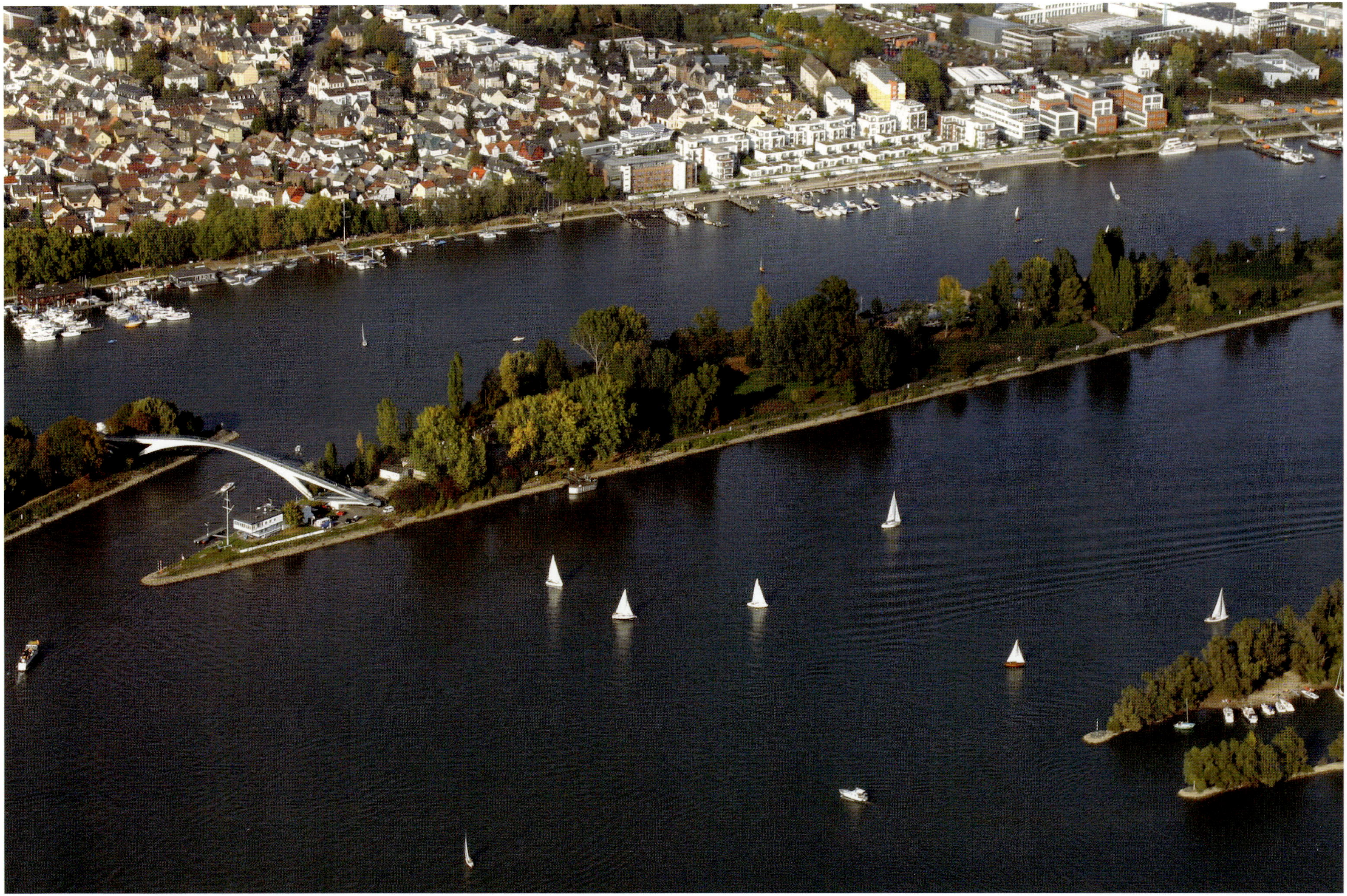

Der **Schiersteiner Hafen** wurde 1858 angelegt und dabei die Bismarckaue zu einer Hafenmole umgebaut. In den Anfangsjahren war er im Sommer ein Stützpunkt für Flößer, die ihre schmalen Holzflöße aus Main und Neckar für den Transport auf dem Rhein zu größeren Gebilden zusammenfügten. Im Winter suchten Dampf- und Segelschiffe Schutz vor Eisgang. Inzwischen wurde der Hafen zu einem Wassersportzentrum mit Regattastrecke ausgebaut. Von der idyllischen Hafenpromenade aus schaut man auf die vielen Yachten und Boote, weshalb die Hafenpromenade wegen des mediterranen Flairs auch „Schiersteiner Riviera" genannt wird. Die Hafenausfahrt wird von der Dyckerhoff-Brücke überspannt, einer der ersten Spannbeton-Brücken Deutschlands, die von der Firma Dyckerhoff 1967 anlässlich ihres 100-jährigen Firmenjubiläums gespendet wurde.

Die im Rokokostil 1754 erbaute **Christophoruskirche** ist für protestantische Kirchen ungewöhnlich prächtig ausgestattet. Es handelt sich um eine Saalkirche, deren Grundriss dem Goldenen Schnitt entspricht. Sicherlich ist das der Grund für die gute Akustik, die bei Konzerten erfahrbar wird.

Das Motorschiff **Tamara** mit Liegeplatz im Schiersteiner Hafen bietet in langer Tradition interessante Ausflüge auf dem Rhein und zur Rettbergsaue.

Das alljährliche **Hafenfest** im Juli, mit großem Feuerwerk und Drachenbootrennen, ist bei Wiesbadenern und Gästen gleich beliebt.

Am Schiersteiner Hafen steht die Kopie einer römischen **Jupiter-Gigantensäule**. Solche Säulen wurden von römischen Gutsbesitzern als Zeichen dafür aufgestellt, dass das Anwesen unter dem Schutz der Gottheit steht. Sie wurde ganz in der Nähe gefunden.

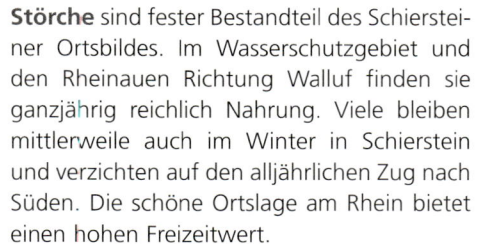

Störche sind fester Bestandteil des Schiersteiner Ortsbildes. Im Wasserschutzgebiet und den Rheinauen Richtung Walluf finden sie ganzjährig reichlich Nahrung. Viele bleiben mittlerweile auch im Winter in Schierstein und verzichten auf den alljährlichen Zug nach Süden. Die schöne Ortslage am Rhein bietet einen hohen Freizeitwert.

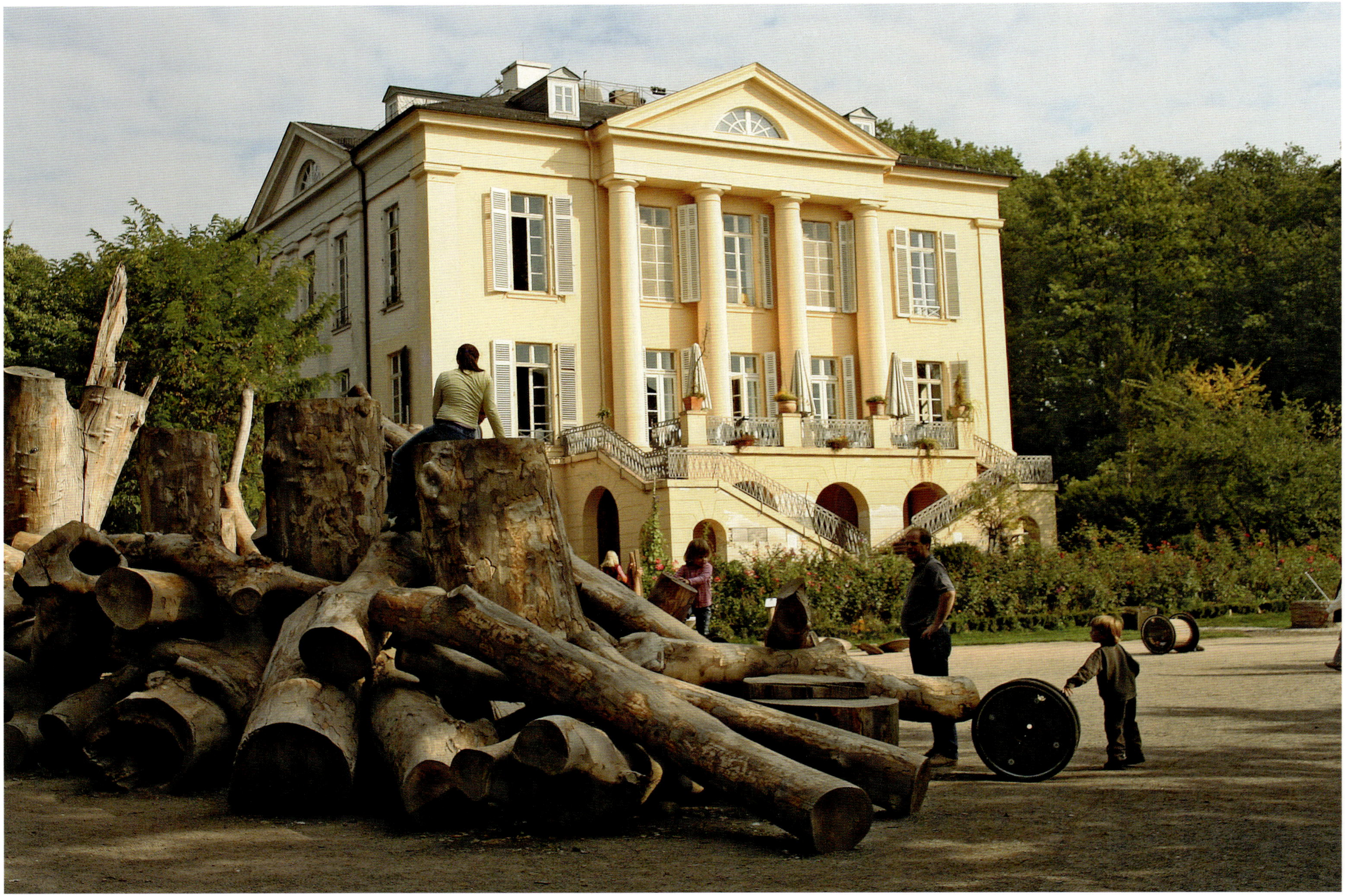

Der Bau von **Schloss Freudenberg** wurde von einem Malerehepaar im Jahr 1904 in Auftrag gegeben. Nachdem es nur kurze Zeit darin wohnte, folgte eine wechselvolle Geschichte der Nutzung, bis 1993 das **„Erfahrungsfeld zur Entfaltung der Sinne und des Denkens"** Einzug hielt. Das Erfahrungsfeld bietet einen „Feldweg" zur Entdeckung, Erkundung, zum spielerischen Umgang mit allen Erscheinungen, die Himmel und Erde zusammenhalten. Verblüffende Experimente können hier von Jung und Alt durchgeführt werden. Alle Sinne werden angesprochen und die Wahrnehmung geschult.

Auf der Terrasse des Freudenberger Schlosses lädt ein schönes Café zum Verweilen ein. Im Park gibt es Geschicklichkeitsspiele, Grillplätze und Liegewiesen.

Der deutsch-amerikanische Golfplatz **Rheinblick Golf Course** liegt zwischen den Vororten Dotzheim und Frauenstein. Er ist eine Insel der Entspannung am Rand der Taunuswälder.

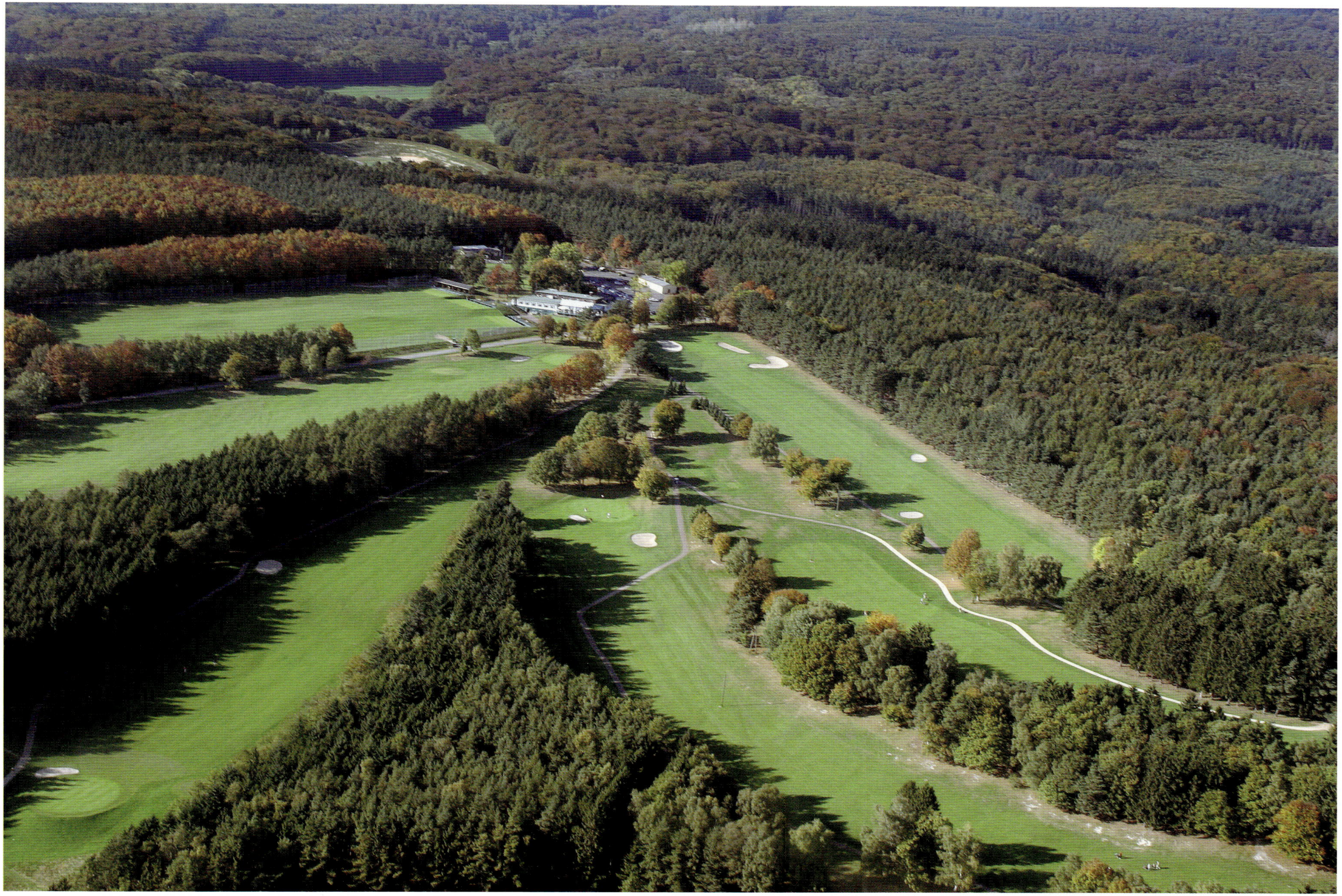

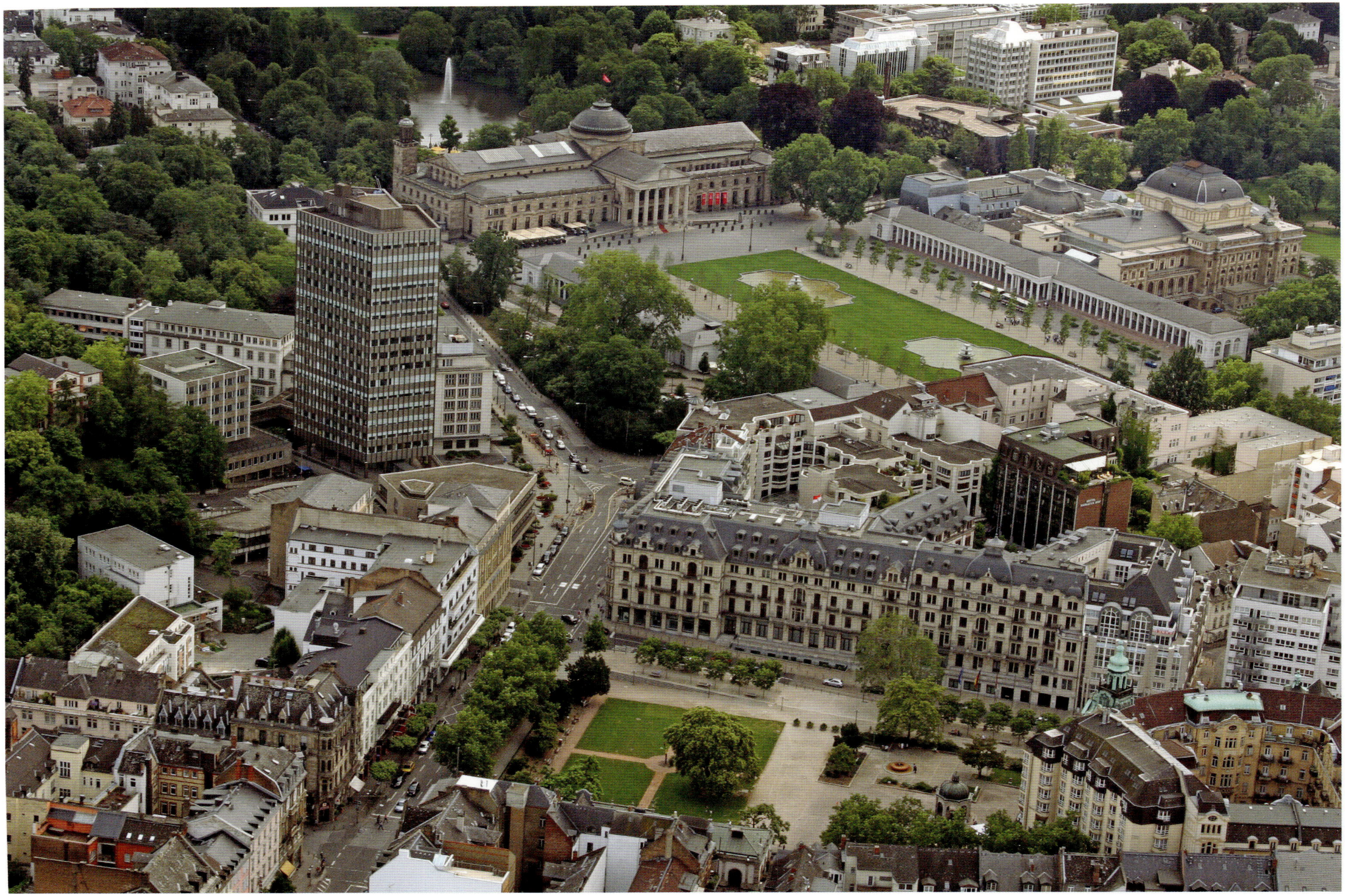

Quellenhinweis

Umfassende Informationen zu den Bildthemen finden Sie auf folgenden Internetseiten:

www.wiesbaden.de
www.bergkirche.org.
www.staatskanzlei.hessen.de
www.hessischer-landtag.de
www.archive.hessen.de
www.wiesbaden.de/kongressallianz
www.rhein-main-hallen.de
www.museum-wiesbaden.de
www.staatstheater-wiesbaden.de
www.casino-gesellschaft.de
www.die-wiesbaden-stiftung.de
www.marktkirche-wiesbaden.de
www.lutherkirche-wiesbaden.de
www.rocor.de
www.dkd-wiesbaden.de
www.taunusstrasse.com
www.kletterwald-neroberg.de
www.nerobergbahn.de
www.sehenswertes-biebrich.de
www.fasanerie.net
www.schlossfreudenberg.de
www.golfclubrheinmain.de
www.henkell.de
www.main-rheiner.de
www.wi-biebrich.de
wwww.wiesbadenbiebrich.info

Herausgeber
Christian Wauer
WIFO | DIGITAL Verlag
Alsbachblick 35
65207 Wiesbaden

Internet
www.wifo-digital.de
www.cw-fotodesign.de
eMail info@wifo-digital.de

Herstellung
Layout, Grafik, Fotografie
Christian Wauer

Redaktion / Text
Christa Wauer

Übersetzung
Dr. Olga Funke (R)
inlingua GmbH, WI (E, F)

Druck
WB Druckerei GmbH, Hochheim/M.
Buchbinderei
Buchwerk GmbH, Darmstadt

Auflage
Zweite aktualisierte Auflage,
November 2010

ISBN ISBN 978-3-00-027035-2

mit Fremdsprachentext E-F-R
ISBN ISBN 978-3-00-027036-9

Vervielfältigung und Nachdruck
© Alle Rechte www.wifo-digital.de

Copying and reproduction
© All rights reserved www.wifo-digital.de

Reproduction et réimpression
© Tous les droits www.wifo-digital.de

Weitere Titel aus dem
WIFO | DIGITAL Verlag

WIESBADENER MOMENTE
von Christian Wauer.
Eine fotografische Auslese von
Wiesbaden-Motiven.

Bildband **WIESBADENER MOMENTE**,
Hardcover, edelmatt, 21 x 21 cm,
60 Seiten, 60 Bilder, Text in Deutsch,
Englisch, Französisch

Preis 14,50 Euro
ISBN 978-3-00-028835-7

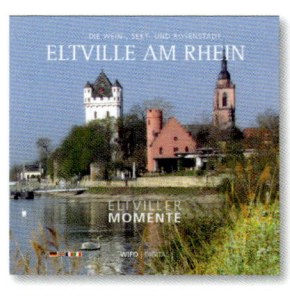

ELTVILLER MOMENTE
von Christian Wauer.
Eine fotografische Auslese von Motiven der
Stadt Eltville am Rhein mit ihren Stadtteilen.

Bildband **ELTVILLER MOMENTE**,
Hardcover, edelmatt, 21 x 21 cm,
60 Seiten, über 100 Bilder, Text in Deutsch,
Englisch, Französisch, Italienisch

Preis 14,50 Euro
ISBN 978-3-9813867-1-4

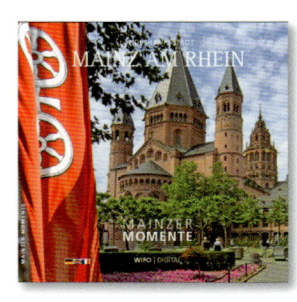

MAINZER MOMENTE
von Christian Wauer.
Genießen Sie die schönsten Seiten von Mainz.
Individuell fotografiert und gestaltet. Mit
informativen Texten in drei Sprachen.

Bildband **MAINZER MOMENTE**,
Hardcover, edelmatt, 21 x 21 cm,
64 Seiten, 83 Bilder, Text in Deutsch,
Englisch, Französisch

Preis 14,50 Euro
ISBN 978-3-9813867-0-7

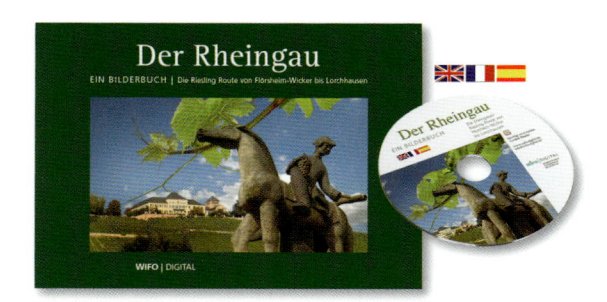

DER RHEINGAU, ein Bildband von Christian Wauer.
Er zeigt die komplette Rheingau-Riesling-Route von
Flörsheim-Wicker bis Lorchhausen in Bild und Text.
Gehen Sie auf eine Seh-Reise durch eine der schönsten
Regionen Deutschlands. Es gibt vieles neu zu entdecken.

Bildband **DER RHEINGAU**, Hardcover, edelmatt,
30 x 21 cm, 148 Seiten, 560 Bilder, plus mit dem
kompletten Buchtext in Englisch, Französisch,
Spanisch auf CD.

mit CD E-F-S, Preis 28,– Euro
ISBN 978-3-00-028834-0

ohne CD Preis 24,– Euro
ISBN 978-3-00-027734-4

Notizen